点亮艺术之眼

——伟大的博物馆

伟大的
博物馆

Van Gogh Museum Amsterdam

阿姆斯特丹
梵高博物馆

〔意大利〕保拉·拉佩里 编著
郑 昕 译

内蒙古科学技术出版社

前 言

“亲爱的提奥，如果我的画都卖不出去，那我实在无能为力了。但总有一天，这些画会比我买得起的颜料更有价值，比我的生命更有价值。”

这封预言般感人的信件，是文森特·梵高于1888年10月24日寄给他的弟弟提奥的。而今天面对这封信件，我们可以故意带着无伤大雅的私心说，幸好当年文森特·梵高的画没有卖出去，因为如果提奥把他的作品都卖掉，流散到世界上的各个角落，那今天位于阿姆斯特丹的梵高博物馆就不会存在了。这个闻名遐迩的梵高画作收藏地，世间独一无二，事实上是由商人提奥的“库存”而来的。

提奥·梵高小心翼翼地珍藏着他饱受折磨的胞兄未卖出去的作品。作为遗产，这些作品先是传给了他的遗孀约翰娜，之后又传给他的儿子文森特·威廉。文森特·威廉直到1962年才决定在阿姆斯特丹成立梵高博物馆，又于1973年6月2日与荷兰女王朱利亚娜一起参加博物馆的剪彩落成仪式。博物馆由建筑家格里特·李特维尔德进行设计，预计每年接纳六万人。这个估计过于保守了。1997年参观者的数量大大超过了百万人，场地的情况不容乐观。

于是博物馆进行了扩建。日本建筑师黑川纪章设计了一个新的椭圆状展馆，馆顶由玻璃与钛制成，具有未来主义风格。然而这个展馆并非由荷兰政府出资，而是由日本一家私人保险公司安田保险赞助的。一些不怀好意的人断言这是一场交易，因为不久前安田保险刚买下梵高一幅著名的《向日葵》，而这幅画被一些学者认为是赝品。不过，梵高博物馆里的工作人员则一致认定那幅画毋庸置疑就是真品。当然了，谁能在一个如此慷慨大方的赞助者面前置喙呢？这个棘手的问题至今仍未解决。

也许对普通的参观者来说这个问题并不重要。对他们来说，最重要的是可以大饱眼福，在梵高用色彩构成的仍跃动着鲜活生命力的画作面前好好欣赏一番。让我们把目光停留在鲜蓝色背景下的《盛开的杏花》这幅大名鼎鼎的画作前，这幅画是梵高为数不多的可以确认是在愉快心情下创作的作品。1890 年 1 月 31 日提奥写信告诉他的兄长他已经成为父亲的消息，并且为那个孩子起名为文森特·威廉。梵高为他侄子的出生高兴不已，几个月后他把这份喜悦倾注到画布上。沉浸在喜悦中的他写信给他的弟弟说："一两天前我开始画这幅画，想把它放到你们已为人父人母的卧室里，广袤的蓝色天空与硕大的杏花枝形成对比……我画得很从容，笔触非常坚定。"

今天我们依然可以感受到梵高的这番描述。这些盛开的杏花就像生命的一曲赞歌，为随之而来的春天歌唱。提奥高兴地接受了兄长的这份礼物，但没有把它放在卧室里，而是挂到客厅的钢琴上方。1890 年 5 月，文森特 · 梵高途经巴黎，看到了客厅里的这幅画。当时的他饱受绝望的折磨，而这种绝望也最终让他走向死亡。那些花儿，那个湛蓝的天空，以及那份祥和的宁静，让他暂时忘却了苦恼。他想再画几幅这样的画，但是已经画不出来了。"亲爱的提奥，在画这些杏花枝的时候我已经病了。要是我能够继续画下去，你一定可以看到更多的花儿。现在再也没有花儿了，我没有那个福气。"

马可 · 卡尔米纳蒂

目 录

阿姆斯特丹梵高博物馆

“他的画依然一幅也卖不出去，不过他用自己的画与别人的画交换。这样我们也算是拥有了一定的收藏，有了一定的价值了。”1886年6月提奥给他的母亲安娜·科尔内利亚这么写道。当时文森特·梵高已经在巴黎待了三个月了，也已经画了五年的画。在这期间他一直把画寄给提奥，而提奥则在巴黎帮他卖画。从某种意义上说，正是在这个时期“诞生”了梵高博物馆。因为在这个时期梵高终于彻底说服了他的弟弟参与到他的艺术规划中来，而在这个规划里，生活与艺术是紧密联系在一起的，不可分割。

正式来说，梵高博物馆于1973年6月2日对公众开放。三十多年来，博物馆的知名度不断提升，如今已经是世界上参观人数最多的博物馆之一，据估计每年有上百万人慕名前来。在这个地方，参观者可以与作品亲密接触，这是一种与传统博物馆截然不同的参观体验。参观人数与参观体验二者看起来似乎相互矛盾，但事实上，虽然参观人数数目庞大，但同时参观质量也在不断提高。梵高去世的时候没有留下任何遗言。他的姐妹安娜、伊丽莎白和维尔敏娜协商后，决定把他的所有遗产传给家里的次子提奥。因为自从梵高决定投身于艺术领域后，实际上一直是提奥在为他提供经济支持，直到他生命的最后一刻。

提奥在梵高的生命中有着举足轻重的地位。提奥于1891年1月25日去世，年仅三十三岁。他的姐妹安娜、伊丽莎白和维尔敏娜再次没有继承他的遗产，而是把所有的遗产传给了提奥的遗孀约翰娜·邦格。约翰娜于1889年与提奥结婚，两人恩爱地度过了一段短

埃米尔·伯纳德《自画像》（局部），献给梵高，1988年9月

暂的生活。她在梵高作品的收藏方面也起到了重要的作用。与幼子文森特·威廉回到荷兰后，约翰娜完整地保留着梵高遗留下来的堆积如山的作品。尽管为了生存她卖掉了几幅画作，但整份遗产的价值没有因此受到损失。她在1901年与画家、艺术评论家约翰·科恩·高斯哈格结婚，在梵高作品推广方面得到了后者的支持。1905年在阿姆斯特丹市立博物馆，梵高的作品第一次展出。而当约翰娜再次成为寡妇后，她又一次冠以夫姓“梵高”。1914年，她做了两件意义深远的事。首先是一件私事，她把提奥的墓地从乌特勒支公墓迁到瓦兹河畔欧韦，葬在梵高的坟墓旁边。如今在那里我们依然可以看到两座极为简朴的墓碑，被一层厚厚的藤蔓覆盖着。约翰娜做的第二件事，是完整出版了梵高给提奥写的书信。这件事虽然更多的是

约瑟夫·伊斯拉埃斯《卸驳船的人》，1902年

与经济相关，却在历史上有着重要的作用。文森特·威廉从小就帮助她母亲处理他的伯父与父亲的遗产，长大后由于其研究技术被冠以“工程师”的称号，在妻子约西娜·威保特的支持下，成为梵高博物馆创建过程中的关键人物。

1930年文森特的收藏作品与海伦·科勒幕勒的收藏作品同时在阿姆斯特丹市立博物馆展出。后者是荷兰知名的梵高作品收藏家。不久后，公众强烈希望这些作品可以在此博物馆中长期展出。约西娜为此签署了一份合同同意了这个要求，直到新博物馆的建成。不过在第二次世界大战期间，这些油画被挪到了卡斯特里克姆市以躲避战火。战争结束后，文森特·威廉得以将梵高的作品在欧洲与美国的重要博物馆中做巡回展出，这一点他比他的父亲幸运多了。此

劳伦斯・阿尔玛-塔德玛《这是我们的角落》（作者女儿的肖像画），1873年

次巡回展览为公众留下了极为深刻的印象。在这个时期，有关梵高的文章与评论无论是从数量上还是质量上都得到了大幅提高。作品享誉国际后，再次回到了阿姆斯特丹。1959 年末，在国家经济规划的推动下，荷兰文化遗产部部长雷宁克向文森特・威廉提出建立一个新的博物馆，以长久展出梵高的作品。1960 年 7 月 10 日，文森特・梵高基金会成立。1962 年，荷兰国会通过决议，从年迈的文森特・威廉手中一次性购买梵高的全部作品。因此，今天我们在梵高博物馆中看到的大部分作品，事实上在 1962 年就已经进入博物馆了。其余

阿尔弗雷德·史蒂文斯《印度在巴黎》，1867年

一小部分梵高的和其他艺术家的作品在1962年后也陆续进入到博物馆的收藏中。

公众对梵高的兴趣与日俱增。为纪念梵高逝世七十周年，梵高基金会与奥特洛科勒幕勒基金会联合举办了一场令人难忘的盛大展览，而社会对此展览的响应热情更是出乎意料。建造博物馆的时机成熟了。次年，文森特·威廉把设计博物馆的任务交给了格里特·李特维尔德，他一度是先锋运动新风格主义的代表人物，在当时仍然广受赞赏。1964年李特维尔德去世后，他的继任者范·迪棱也于1966年去世。

亨利·德·图卢兹·洛特雷克《大米粉》，1889年

因此博物馆最终是在范·特里斯特的手中完成的。博物馆内部宽敞明亮，柔和的灯光照射在作品上，形成一种和谐的效果。由于慕名前来参观的人数过多，而博物馆方面则希望能为参观者提供一种高质量的参观体验，于是决定在原有的场馆一侧扩建一个展厅。这个展厅将用于短期展览，这样永久展览的部分便能充分利用原有的空间了。扩建工程的任务交给了荷兰一个名为“格雷纳与范·古尔”的建筑工作室，他们设计了一个更为宽敞的入口，一个全新的空气调节系统与照明系统，对用来支撑作品的材料做了十分考究的选择。而设计师则是出生于1934年的日本人黑川纪章，他为新空间设计了流线型的结构，将

阿尔弗雷德·史蒂文斯《镜子前的女人》，1890年

灯光的效果运用于其中。整个结构为椭圆形，中心主体部分向上突起，从二层起呈平行六面体状。新建筑首层有一部分嵌入地下，通过一条隐秘的通道与原有的建筑相连接。外部由钛合金板铺成，这种材料在荷兰博物馆史上是首次使用。在色彩方面，黑川纪章使用了均匀的灰色。根据象征意义与审美观念，灰色是一种灵活的颜色，让色彩的可能性大大增加。同时，灰色在历史上也有着重要的意义。“利休灰”，又称“老鼠灰”，1640 年首次出现在日本奈良春日神社的僧人久保俊成关于茶道的一本书中。自此以后，灰色大为流行，大量灰色棉织品从中国进口，几乎人手一件。黑川纪章以这种形式，使博物馆达到了建筑、材料、历史和颜色的巧妙融合。

梵高博物馆馆内藏有 200 多幅画作，1000 多张手稿（其中有 580 幅用于展览），十几本复印画集，4 本画稿以及 750 多封书信。经过 1998 年至 1999 年期间 10 个月的扩建工程后，博物馆的面积增大了一倍，参观者得以获得最佳的观赏体验。一层与四层用于展览 19 世纪艺术大师的作品，如高更、莫奈、西涅克、皮维·德·夏凡纳、罗丹、图卢兹－洛特雷克、毕沙罗等，二层用于展览梵高的作品，三层设有信息化的咨询中心以及教学展示，而地下一层则设有设备先进的礼堂。

博物馆自开放之日起，就将梵高作品与现代艺术作品的收藏、研究、展览，以及科学材料的制作与普及等多项活动融为一体。除了作为一个“博物馆”所应具有的功能之外，梵高博物馆还从理念上传达了梵高的思想。1874 年 1 月，梵高给提奥写信道：“尽你最大可能地去欣赏艺术作品吧，大多数人欣赏得太少了。”作为家中的长兄，梵高指引着最小的弟弟走向艺术鉴赏之路，鼓励他依照自己的想法来欣赏艺术。而提奥也不断提高自己的艺术敏锐度，很快就学会在艺术市场与个人选择中游弋自如。梵高还曾对提奥说过这样一番谨慎而深刻的话：“说到底，我不能保证我的画可以完全偿还你给我的钱。但我相信当有一天它们值那个价钱的时候，其中有一半是属于你的创作，因为这些画是我们两个人一起完成的。”梵高与提奥一

阿道夫·蒙蒂切利《花瓶》，约1875年

起，以一种既现代又传统的方式投身艺术，将自己的画作与其他艺术家的复印画和作品进行交换。这是梵高在弟弟面前又一次对自己所说过的话的尊重与践行。而面对这样一个个性强烈的兄长，提奥所做的一切并不是“受虐式的承受”，而是出自一颗真诚奉献的心。他们的父母，提奥多鲁斯和安娜·科尔内利亚，从小以最简单最质朴的价值观抚养兄弟俩。梵高在1881年的一封信里这样写道：“他们恬静、亲切又善良。”兄弟俩依靠父亲的资助维生，就算在教堂担任神职人员时也不例外。提奥多鲁斯与安娜很满意地看到兄弟俩相亲相爱，他们甚至超越了亲情，无私地为对方着想。1783 年，提奥离开家开始独立生活，父母除了提醒他要真正依靠自己生活以外，还提醒他要走“正确而善良”的路。起初，提奥在布鲁塞尔一家名为“古皮尔公司”的知名画商分公司就职，那家店的负责人是他的伯父海因·梵高。提奥先是被派往海牙工作，从 1878 年 9 月起，又被派往巴黎分公司担任负责人。

在艺术品市场这个领域，提奥体验过成功也经历过失败，他见过多比尼、柯洛、米勒、杜普雷、伊斯拉埃斯、希尔科莫、布雷通等人的许多作品，结识了许多艺术家，比如莫奈、西斯莱、德加、波尔第、吉约曼、高更、毕沙罗、修拉、图卢兹－洛特雷克、西涅克、赞多梅内吉、伯纳德、拉法埃利等等。提奥为他们举办画展，随后就在布松·瓦拉东公司的画廊里担任他们作品的中间人。光是这些名字便足以唤起我们对那个充满活力非比寻常的年代的追忆，但我们也要看到提奥同时也从事 19 世纪三四十年代的自然写实主义作品的买卖，出版复印画集。此外，他的顾客群体也十分广泛。最开始提奥显得有些拘谨，但从第二阶段以后（大概在梵高到达巴黎后），他的品味开始提升，在顾客面前越来越游刃有余。1887 年后他与那些一起举办第八届印象派画展的艺术家们走得很近。认识提奥的人都认为在性格上他令人尊敬，在商业上他值得信赖。因此在梵高博物馆现代艺术收藏方面，提奥可以算是个十分关键的人物。约从 1830 年到 1920 年间，博物馆收藏了写实主义、印象主义、后印象主义和象征主义等画派的作品，还有 19 世纪到 20 世纪间的荷兰画家的作品。为了让世人更加了解提奥，1999 年夏天，博物馆举办了大型展览——“画商、收藏家、文森特·梵高的弟弟：提奥·梵高”。

博物馆除了购买大量作品外，还举办艺术展览，出版评论著作。比如在早年举办过“从塞尚到梵高：加舍医生收藏展”，这个展览被认为是米勒手稿的重要展出，他是梵高十分敬爱的一位画家。从

文森特·梵高《城墙、马车与行人》（局部），1887年夏天

2000年起，博物馆的科学团队一直致力于梵高作品全集的出版整理。梵高离开巴黎后，提奥这样写道："他是思想上的先锋，却在日常生活中迷茫而失去光彩。他有一颗善心，不断为他人着想，可是别人却从不愿去理解他。"这番话有几分道理，并且随着时间的流逝而得到证实。梵高把他的一生都献给了艺术。让我们将梵高从神坛上解放下来，因为他只是个一无所有的无用之躯。让我们细细体会他的情感，因为这也是我们的情感，因为他也有血有肉，因为他从来就不是这个世界上的"异类"。

阿姆斯特丹梵高博物馆

主要馆藏

文森特·梵高

《播种者》（临摹自米勒作品）1881年

铅笔，油墨
羔皮纸
48 cm × 36.8 cm

25 岁的梵高正经历着事业与生活的双重困扰，过得抑郁寡欢。1868 年他得到家中伯父的推荐，在一家名为“古皮尔”的画商公司任职。在巴黎，他与顾客发生了争执，决意投身于博物馆事业。1876 年 4 月 1 日辞职后，他到处旅居，直到 1879 年来到布鲁塞尔地区，在蒙斯矿区的一所学校当了六个月的传教士。在那里梵高真正开始了他的绘画生涯。后来他因“过度的热情”被辞退，10 月份回到布鲁塞尔后开始学习解剖学与透视图。他需要“一个具有艺术氛围的地方……因为如果没有人教你怎么画的话，你是不可能做好的”。

在那儿逗留的六个月时间里，他埋头于画画中，此外还结识了一个新朋友画家安东·范·拉帕德，与他进行了热烈的讨论。提奥开始每个月固定给梵高寄去一小笔钱。梵高希望能与过去彻底告别，但却对在古皮尔公司研究过的版画难以割舍。在他接触到的艺术家中，那些浪漫主义风格的画家带给了他特别大的震撼，其中就有梵高一生都十分推崇的米勒。尽管梵高只是从复制品和画稿册中自学素描，但他认为这项技艺“有些用处”，打算好好提高自己的水平。

在第 137 封信中梵高写道:“以前，素描画家、水彩画家和雕刻家通过回到充满煤矿工人和织布工人的乡村来提高自己的绘画水平。这启发了我应该努力去接近现实。但在此之前我应该学一点儿这门技术。” 在这个时期，他的作品与临摹的原型仍然十分接近。

在梵高的画作里从来不会有浪漫主义风格的痕迹，但几乎可以说他倾尽全力力求在日常生活场景中融入基督教的因素，并令其可被识别。

播种者这个形象对梵高来说十分特别。除了作为农民的象征以外，还与基督教的《福音书》相关，因为在书中布道者就是“言语的播种者”。

文森特·梵高

《静物：大白菜与木屐》1881年12月

油彩
木板
34.5 cm × 55 cm

梵高回到父母在埃顿教区的住处，与家人发生了严重的冲突，并且饱受感情的创伤。表姐凯的丈夫去世了，身边带着一个小孩子。梵高很喜欢这个外甥，还爱上了凯，但他不仅遭到了拒绝，还扰乱了家里的每一个人。尽管如此，正是因为凯的出现才让梵高坚定了心中的艺术理想，他发觉“有一股力量推着自己行动起来，这是一股来自心底的力量”。他相信自己画作中的粗糙风格可以逐渐变得柔和起来。1881 年 12 月，他来到海牙，接受了母亲的表姐夫安东·毛沃的帮助。

毛沃是当时荷兰知名的画家，擅长乡村画。他教导梵高如何调色，给他提了许多建议。在他的指导下，梵高找到了自己的道路。尽管两人之间平静相处的时间并不长，但在年底的时候梵高已经完成了自己最初的两幅作品：《静物：大白菜与木屐》以及《静物：酒壶与水果》。在布鲁塞尔学院临摹的物体都是毫无生气的，梵高所要做的是往物体上加入形态、光线与生命力的刻画。他对物体本身怀有极大的兴趣，在这点上他受到后来许多画家的赞赏。毕加索对此曾说道：“能够创造新的事物实在是太伟大了。看看梵高笔下那异于寻常的土豆！他所画的土豆、旧鞋，多么令人惊讶啊！”

“……我们不要忘记，事物并不是我们所看到的那样。上帝教导我们，要从日常生活的事物中看到更深层次的东西……”这不是浪漫主义，而是对信仰的深层需要。引自哲学家弗里德里希·施莱格尔。

文森特·梵高

《斯赫弗宁恩的堆草房与房屋》1882年夏天

铅笔，粉笔，水彩
羔皮纸
43.5 cm × 59.7 cm

梵高使用水彩只是为了配合其他材料来完成画面，一般不单独使用。因此他在涂抹水彩时常采用不透明手法。

今天，斯赫弗宁恩是荷兰最大最漂亮的海滨地区。但在梵高的年代，它只是海牙的一个海边郊区。梵高常常来到这里，描绘这里的一些角落，一些在同行们的眼中“美得像明信片”一般的角落。但对于梵高来说，在这片土地与大海之间，最重要的是简单的生活与真实的人们。他已经慢慢熟悉风景画的题材了，因为他的画商叔叔科尔交给了他十二幅海牙风景油墨素描的任务。但是梵高从英国杂志上的插图中得到启发，着手绘制一系列带有人物的石版画，不过这个系列最终没有完成。他在画中采用了透视法的原理，而这也是他将来创作那些令人震撼的油画作品的基础。在第 182 封信中他解释道：“提奥，毫无疑问，我不是一个风景画画家。每次我在画风景的时候，一定要画进去几个人物才行。”在梵高的眼中，每一片土地都是有生命的，而他要做的就是试着去挖掘，去沟通。因此在梵高的作品里，人物的情感总会融入到景色中去。此外在技法方面，从这幅画里我们可以看出梵高喜欢使用黑白画，因为他认为“人与景物的轮廓都不够雄浑”，只有黑白才能更显“刚劲有力”。这是后来梵高对颜色做出的评论。

文森特·梵高

《暴风雨天空下的斯赫弗宁恩海滩》1882年8月

油彩
布
34.5 cm × 51 cm

从斯赫弗宁恩到海牙之间，沿着著名的细沙海滩，有一条长达三千米的美丽大道，坚实而低矮的沙丘此起彼伏。19 世纪 70 年代，一些被称作“海牙学院派”的画家重拾 17 世纪曾盛行一时的传统，创作了许多海滨题材的风景画，甚至有些人还选择住在离海边不远的沙丘中。梵高所住的地方申克韦格离海滩也很近。就算在恶劣的天气环境下，他也一样可以在室外作画。从他的第 226 封信中我们可以看到：“我常常去斯赫弗宁恩，有一次我从那里带回了两只小海龟。一只几乎被沙子盖住了，另一只则被厚厚的沙子盖得严严实实的，我整整给它擦了两遍才弄干净。海滩上风很大，我几乎要站不稳了。”事实上，这幅风景画是在暴风雨到来之前完成的，海的颜色就像污浊的肥皂水一般。尤其值得注意的是梵高在色彩运用上的精确，这是他艺术特点中的核心之一，显示了他高度的敏感性与异于常人的分析能力。

梵高一向很喜欢到处旅行，结识乡村里的人。但这个时期的他，为了画画需要到城市里去，而且当时斯赫弗宁恩的生活成本颇高，为了生计他必须精打细算。

文森特·梵高

《彩票店》1882年9月

黑色粉笔，铅笔，水彩，油墨
羔皮纸
38 cm × 57 cm

“我挺喜欢水彩画的，没有想过要放弃它……但是最基础的技巧是人物的塑造，无论是男人、女人还是小孩，无论他们做怎样的动作，这些都很重要。因此我一直潜心于这方面的研究，因为在我看来唯有掌握了这项技巧，才能得到我想要的结果。”

从 1882 年初起，梵高一直在潜心创作海牙的小幅风景画，其中大部分是用铅笔和油墨完成的，还有一部分用上了水彩。他最著名的一幅作品《悲哀》，画于这一年的 4 月，画里梵高刻画了一个因悲伤而颤抖的躯体。这个女人的名字叫西恩，这一年里她在梵高的生活中扮演了十分重要的角色。9 月份，梵高尝试着画一些也许“可以卖出去”的水彩画。在本页的这幅作品里，他把“穷人与金钱”这个主题蕴含于其中，营造了紧张又明了的画面感。他写信给提奥说：“你是否还记得斯普伊路口的那家莫尔曼彩票店？有一天下雨的早晨我经过那里，一大群人正站在门前等着购买彩票。他们中大多数是年老的女人，看不出是做什么工作的，但显然她们要为生计奔波，艰难维生……”后来梵高又写道：“他们那种等待的神情深深震撼了我，这种感觉对我来说意义深远……”不过在画中，梵高也注意到了要在画布上将人群的层次感与赋予的含义统一体现出来。这个问题在现实生活中用肉眼观察是很简单的，但在构图上却需要花费很多的工夫。

文森特·梵高

《缝纫的西恩与小女孩》1883年

炭笔，油墨，水彩
羔皮纸
55.5 cm × 29.9 cm

婴儿躺在旁边的摇篮里睡着了，此时他的心中被一股强烈的情感包围着”。用哲学家米什莱的话来说，“她就是他的信仰”。

一直以来梵高都在寻找一个母亲般的女人，希望能陪伴在他的身

人物轮廓的主体线条是用油墨勾勒的。在此基础上，梵高用炭笔完成了整个画面的刻画，再加以寥寥数笔水彩点缀。

1881年底或者1882年初左右，梵高认识了克拉西娜·玛丽亚·霍尔尼克，即西恩。她是一个30岁左右的妓女，比梵高大，体态慵懒，脸上因水痘而有些丑陋，爱酗酒，身边带着一个小女孩，肚子里还怀着第二个孩子。梵高收留了她，让她做自己画画的模特（她在梵高六十几幅画稿和水彩画中担任模特），并照顾她。她的第二个孩子出生的时候，梵高满怀热情地为她布置房间。新生儿激发了梵高的柔情，“他坐在心爱的女人身边，

边，但他得到的只有无情的拒绝。如今有了西恩，梵高感觉自己的愿望终于实现：“我们俩都是不幸的人。我们相依为命，共同承担生活的重负。”对西恩的责任也是梵高的负担之一，她是绘画中的道具，也是生活中重要的人。她将梵高的生活与艺术连在了一起。不带歧视地说，梵高从她的脸上看到了象征着耕地、播种与收获的神光，在她面前体会到了作为一名尊重人性的优秀画家的感觉。

《犁地的人与第336号信》约1883年10月28日

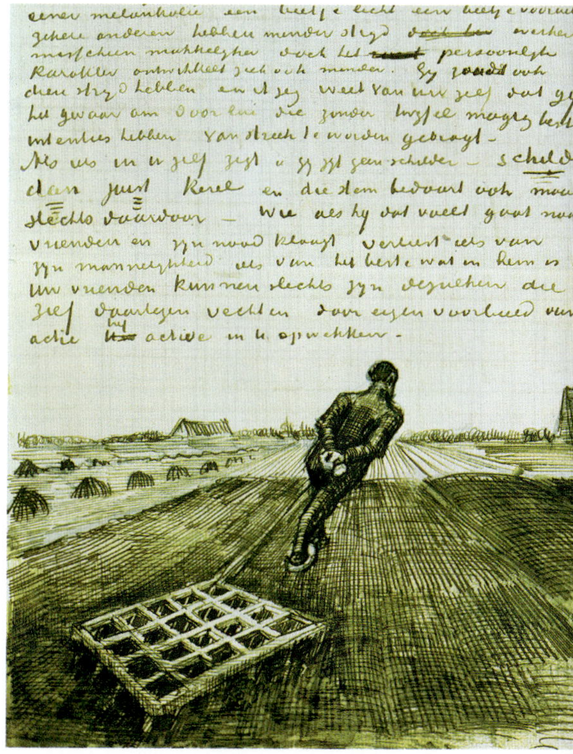

规整的长线条显示了透视法的应用。在此基础上梵高添加了相交的线条，使得画面的质感显得更加厚重，也更有深度。

1883年9月11日，梵高动身前往荷兰北部德伦特省，一个荒凉、充满敌意、野蛮的地方。之所以做这个决定，是由于他与父母间的关系紧张，经济上难以维持“一家人”的开支（提奥一直以来的资金支持并不足够），而最主要的是梵高认为自己又一次没能达到设定的艺术目标。既然爱情拒绝了他，击溃了他，那生活的意义在哪里呢？绘画就是他生存的理由，只有在画里他才能找到自己的世界，只有在画里他才能思考外面的世界。在他移居的这一年，农民是他画中常见的主角。他的生活贫苦得可怕，他甚至幻想要是可以当一个牧师以维持生活，亦是个极理想的情况了。他总要疲于筹集绘画材料，这样的挫败感让他觉得自己就如同那些生活在最底层的荷兰农民一样，等待被他人救赎。农民们的极端劳苦将换来丰厚的收获，而他的勤勉工作得到的将是升华的艺术精神。无论是身体上还是情感上，梵高从来都不爱惜自己，他人生中最重要的事情只有艺术。

文森特·梵高

《农舍与泥煤垛》1883年10～11月

油彩
布
37.5 cm × 55.5 cm

梵高在德伦特的三个月时间里，基本上只画了农家棚屋。因为那个地方放眼所能看到的东西少得可怜，只有农舍、泥灰沼、荒地、河道，以及贫困。

他给提奥写道："面对这里的景色，我不知道应该说什么，我实在找不到可以用来描述的词语……"不过对于那里的原始风光，梵高还是给予了赞赏："这里一切的驿车与驳船都是靠马匹来拉动，你再也找不到比这里更加原始的地方了。"到了夜晚，夕阳的余光不断变幻，把整片景色都渲染得无与伦比。农民的房屋被成百上千的泥煤垛包围，看起来就跟那些泥煤没什么区别。整个乡村一片静谧，静得就像静止了一样，静得仿佛是从魔法里变出来似的，尽管这个魔法让人感到无比沉重。又一年的圣诞节快到了，梵高心中的希望又渐渐破灭。忍受不了这巨大的孤独感，他回到了位于布拉班特省纽南的家。在那里，他创作了人生最初的代表作。

文森特·梵高

《面朝右边的纺织工》1884年

铅笔，水彩，油墨
直纹纸
32 cm × 44 cm

梵高在博里纳日认识那些矿工的时候，曾写信给提奥说他在那里“免费上了一节悲惨人生的课”。事实上，纺织工人也同样苦苦挣扎在生存的边缘，从一定程度上说（听起来有些难以置信），他们比农民还要贫苦。梵高用他的画笔，记录下了那个年代最悲惨的生活。这个系列的作品，是现代美术史上重要的一部分，在这些画中他把自己的信仰与博爱的精神融汇到了一起。他在海牙的时候读过儒勒·米什莱的作品《人民》（1846 年），书中作者认为工业革命产生了“人与机器这种畸形悲惨的关系，二者无须相互依存”。不过，梵高把纺织工人画得高贵优雅，对他们寄予了同情与赞赏。刻画工作中的纺织工时，梵高面临了不少难题，因为他们的房间很小，机器却很大，要准确画出透视效果难度不小。梵高还第一次与他画中的人物进行交谈，认为他们是“另外一种人”，能够用自己的双手去创造东西，就像圣保罗一样，是“苦难的工人，但有着不朽的灵魂”。

梵高感动于“他的神情仿佛在做梦，就像一个梦游的人……他是穷人中最贫穷的，也是最让人看不起的。”而他唯一的消遣，就是口中的烟斗。

梵高给他的朋友拉帕德写过这样一段话：“这个纺织机是我在他们工作的地方仔细研究而画出来的……当我差不多把这个机器画完的时候，我无法忍受我竟不能把它发动起来，听听它那隆隆的噪声。”

梵高对他们的双手尤为着迷。时间的磨砺让这双手能够用精准的速度做出动作，把布料造出来。布料，对于纺织工人来说是一个过程的终结，而对于画家而言这才是他工作的起点。

文森特·梵高

《农妇》1885年3月

油彩

布

43 cm × 33.5 cm

1884年冬天，梵高开始创作许多农民的画像，想把这些画做成一个系列放置在一间小屋里（另一位创作一系列资产阶级肖像画的是“黄金时代”的荷兰著名画家弗兰斯·哈尔斯）。他白天画画，晚上构思设计。到1885年初，这样的肖像画已经达到了40幅。受英国杂志《插画》的影响，梵高称它们为“头像”。他以“惊人的热情”创作了这些作品，“戴白帽的农妇头像十分难画，但是具有永恒的美”。梵高在色调上十分细腻讲究。此外，3月的时候提奥还让梵高再多画几幅，给巴黎的沙龙送去，这令他更充满了创作激情。他试着直视模特的眼睛，这些模特中包括当时已经30多岁的戈尔迪娜·德·格鲁特。这是梵高给提奥寄去的两幅画中的一幅，因此也只有这两幅画才有梵高的落款。由此有人认为梵高与这个女人有过一段短暂的恋情，因为实际上梵高称呼她为“西恩”。

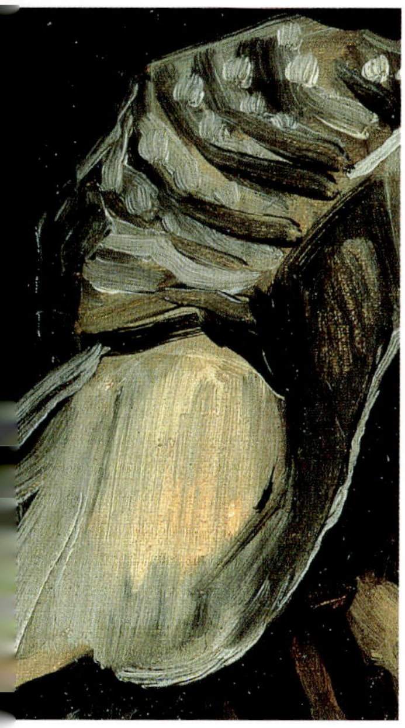

画的背景为黑色，与农妇的披巾颜色是一样的。这种同种色调间的叠加是绘画上最难的技法之一。浓密的眉毛下突出一双黑黝黝的眼睛，直射出锐利的眼神，仿佛是从她灵魂深处迸发而来的。

帽子的主体是层次丰富的棕褐色，这个色调十分符合经典的白色帽子呈现出来的模样。所以，梵高是用褐色来表现白色。

梵高并没有刻意去寻求作品中的相似度，但在笔触上却拥有自己的特点。他的模特是杜米埃和“父亲”米勒。“粗糙而扁平的脸孔，较低的额头和肥厚的双唇。嘴唇并不十分凸出，但很饱满。”这样的嘴唇效果，是快速用抹刀涂抹颜色而成的。

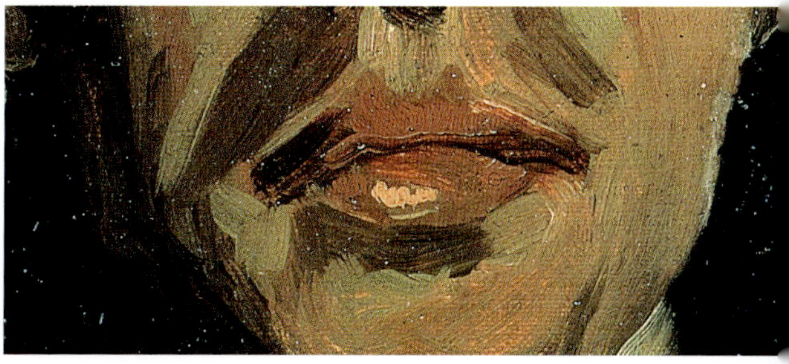

文森特·梵高

《吃土豆的人》1885年4月

油彩
布
82 cm × 114 cm

这是梵高第一幅称为“画作”的作品，在不同的场合他提到这幅画时都会用“那幅画作”来替代。不久后，他在巴黎写信给妹妹维尔敏娜时说道：“我认为《吃土豆的人》这幅画作……会是我一生最优秀的作品。”完成这幅画的过程颇为曲折。4月初梵高先单独研究里面的每个人物，确定了一个整体的构想。4月11日左右他在信上画出了第一张草图，过了几天又画了一张几近完整的草图。最后，他在一天之内就完成了一幅石版画版本，后来的第二个版本就是本页看到这幅了。这幅画完成后，梵高觉得自己终于有与米勒一比高下的信心了。画中的农民“极端丑陋，令人生厌”，但也是极为真实的，他们脸上表情生动，如同世俗化了的圣人画像，暗喻他们那来自于日常辛苦劳作的朴实特质受到上帝的庇佑。他写信给提奥说：“要是有谁想看那些穿得光鲜亮丽的农民，那就随他去吧。对我而言，我相信长远地看，把他们画成这种粗野模样的效果比把他们画成惹人喜爱的样子要好得多。”

“就算在只有煤油灯的夜里我也画着……一直画到只能依稀辨认出调色板里的颜色为止。我这是为了更好地抓住夜里灯光下所产生的微妙效果……”

色彩的运用让人物脸部轮廓线条显得十分尖锐。从1884年起梵高就认为“颜色本身能带来一定的效果”。甚至在库尔贝的肖像画中，梵高认为里面的色彩属于表现主义而非自然主义。

“我这么画，是想让看画的人知道这些吃土豆的人，就是用伸进盘子里的同一双手在地里把土豆刨出来的。”

文森特·梵高

《古老的农民公墓塔楼》1885年5月

油彩
布
65 cm × 88 cm

在纽南的两年里，梵高对那里的劳动人民、静物与景色十分感兴趣，创作了很多作品。不过在这段时期，他与家人间的关系亦十分紧张。他的父母是1882年搬到当地的，次年12月初梵高也回到那里。安顿下来后，父亲提奥多鲁斯以极大的虔诚从事新教牧师的工作，而纽南的居民大多信仰的则是天主教。

很快，梵高发现"所有人都看他不惯"。他们觉得他是个异类，甚至有的觉得他像头野兽。梵高只能把所有的情绪都宣泄在绘画中，创作了不少著名的静物画和风景画。对于他唯一珍爱的母亲，在她骨折卧病在床时梵高为她画了一小幅纽南小教堂油画，希望能为母亲带去宽慰。在他创作的大量风景画中，里面就有那幅《农舍》和本页这幅作品。在写给提奥的信中梵高将其称为"画作"，把它与习作区分开来，因为他并没有刻意去表现每个细节。画中的塔楼楼顶已经毁坏，即将面临拆除。梵高说："我想表现的是死亡是件多么简单的事……简单得像一片树叶掉落下来一样……只需要挖一小片土地，立一个小小的木制十字架。"

这幅画笔触平滑，被认为是写实主义风格。画中从塔楼上飞出来的乌鸦，令人不禁想起梵高去世前画的那幅著名的《麦田上的乌鸦》。

油彩
布
65 cm × 78 cm

文森特·梵高

《静物：翻开的〈圣经〉、熄灭的蜡烛与小说》1885年10月

位于《圣经》旁边这本左拉的小说，提出生活是由真实而深刻的情感构造而成的观点，关注“人”本身，深受实证主义的影响。

在接连不断的生活波折中，梵高一直埋头画画。在某个艰难的时刻他曾写信给提奥说：“来吧小伙子，和我一起在这荒地里画画，一起散步，一起观察铁犁与牧羊人，一起看那燃烧的火焰。”但是他没有预料到，3月26日他的父亲提奥多鲁斯突然离世。性格强硬保守的父亲一向是梵高内心强烈斗争的根源，他曾试着去阿姆斯特丹学习神学以继承父业，满足父亲的心愿。父亲的权威自此消失了，画中那属于父亲的烛台已经熄灭（这是梵高用一天的时间画出来的，是他自己对生命的定义）。梵高将他与父亲的关系融入到所画的静物中，把人类文化史上具有重要地位的《圣经》与作家埃米尔·左拉新出版的小说《生之喜悦》作对比。这两本书不仅在内容与思想上对比鲜明，在颜色上也大相径庭。提奥曾与梵高就色调画进行讨论，提奥仍认为色调画是梵高绘画的唯一方向，而梵高则认为这种画法已经过时。《圣经》书上的柠檬黄标记表明了梵高对于这个话题进行深思熟虑后的回答。其翻开的一页是“以赛亚书”第53篇，讲述了上帝仆人的到来，却遭到众人的漠视。这可以看作梵高暗指自己当时的状况。

文森特·梵高

《舞厅》1885年12月

黑色与彩色粉笔
羔皮纸
9.2cm×16.3cm

尽管梵高觉得舞厅庸俗无比，但他喜欢那里的音乐，以及人们可以跳舞娱乐的自由氛围。

梵高其实不太忍耐得了寂寞，这一点从他决定回到纽南的家中就可以看出来。但另一方面他又不满足于只在纽南的自然中作画，尽管他就是在这个时期“发现”了德拉克罗瓦。他不得不在两难中做出选择：“我要么在这里拥有一间画室，却不能画画；要么去那里画画，却不能拥有画室。我最终选择了第二条路。我是满心欢喜的，感觉就像从流亡中归来一样。”（第435封信）。他说的“那里”就是安特卫普。受德拉克罗瓦的影响，梵高决定追随鲁本斯的道路，在1885年9月来到了安特卫普，在那里欣赏到了鲁本斯这位巴洛克艺术大家的许多油画作品。他被鲁本斯作品中那“用纯粹红色的长笔触画的脸孔”深深迷住了。他的身体状况尽管没什么好转，精神状态至少得到了一些改善。而这段时期他的艺术理论也日臻成熟，虽然在技法上还体现不出来，但从他的信中可以看出他已经非常接近他未来的创作思想。梵高认为一幅画“完成”与否，并不是从笔触的描写完整性来看的，而是要看色彩的勾勒能否把画的“灵魂”即深层次的内在思想展现出来。虽然从根本上讲，梵高还是属于现实主义流派的，但在这里他表达的却是未来先锋主义流派的思想。同时，他欣赏的画家开始从米勒转移到别的画家身上。

油彩
纸板
46.5cm×38cm

文森特·梵高

《躯干石膏像》1886年

1886年3月，梵高来到巴黎。他给提奥写信说："拜托了，让我早一点去巴黎吧；最好是立即就让我去吧。"没有等到提奥的回信，梵高就随身带着少量的行装动身了。到达巴黎后，他很快前往位于提奥家

附近的费尔南·科尔蒙私人画室登记。科尔蒙是一位知名的历史画家，1880年在沙龙取得巨大成功后，在巴黎开了一家画室，坚持他细致入微的画风。他的学生在第一阶段只能临摹石膏复制品，到了第二阶段才能对着真正的模特作画。对安特卫普美术学院深深失望之后，梵高在科尔蒙画室也没有多作停留，他觉得那里"不像自己想象中有用"。不过在画室，他却遇到了一些提奥曾经试着向他推荐的"新艺术"大家，比如路易·安克坦、埃米尔·伯纳德、亨利·德·图卢兹-洛特雷克和约翰·罗素。这些艺术家都比梵高年轻，在生活上不如他有经验，但在艺术背景和艺术理论上要比他更加博识。

在梵高的信中，他抱怨在科尔蒙画室里很少有裸体的女模特。在他看来，这种真实的人体是绘画中必不可少的。同个时期，自然主义流派开始推崇直接从自然中获取经验。

文森特·梵高

《戴深色毡帽的自画像》1886年

油彩
布
41.5cm×32.5cm

在巴黎的两年间，梵高创作了230幅作品。从数量上说，这是他人生最多产的阶段。在这230幅画作中，至少有25幅为自画像。纵观梵高一生，创作了90多幅自画像，在巴黎的这段时期是他最频繁地把自己作为画像人物的时期，而在此之前他已经花了大量时间研究他人的头像。有意思的是他在安特卫普的冬天曾画过一幅具有讽刺意味的《抽烟的骷髅》，我们从不同的角度可以对这幅画进行不同的解读。一方面，这幅画表明梵高在安特卫普美术学院学习时被当作学生们的嘲笑对象；另一方面，这幅画又可以看作梵高以一种颠覆性的手法，来表达他对学院所教授的解剖与绘画方法的反抗。梵高多年来隐居在乡村间，渐渐与农民们粗糙的外表越来越相似。回到城市后，为了让自己看起来得体一些，他去牙医那里修补牙齿。这幅自画像的角度几乎是正面的，姿势显得很僵硬。这可以看作梵高凭自己记忆中学到的方法在进行练习。色彩的运用也跟纽南时期一样。不过，画像中锐利的目光却让人想起伦勃朗和德拉克罗瓦的绘画特点。这两人都是梵高十分欣赏的画家。

1887年底梵高画了不少人物头像的习作，也许并不具有任何特殊的含义，却很容易让人联想他在巴黎创作的最后一幅自画像。（见本书第70页）

油彩
布
61 cm × 46 cm

文森特·梵高

《插有紫菀与夹竹桃的花瓶》1886年夏天

欣赏这些花朵静物画的美丽色彩时，不要忘记对于梵高来说这只是“练手”而已。

在纽南梵高创作了许多农民的头像作品，而在巴黎他则创作了40多幅花朵的静物画，其中大部分都十分出色。研究梵高的学者认为，他之所以画这么多静物的目的在于希望成为一名真正的“色彩大师”，实现三年前就渴望做到的像一个调色盘般用色彩赋予作品生命的想法。画作的出发点当然是静物，但梵高很清楚，一幅好的作品不能只是简单临摹形态，还应该利用对比效果使用纯粹的色彩，让颜色“自己说话”。这段时期的他认为“画中的色彩越多，生活中的热情就越大”。提奥曾试着改变他的想法，但效果不大。1886年在巴黎举办了第八届印象派画展，乔治·修拉和保罗·高更等人的出现让印象派的危机突显出来。克洛德·莫奈居住在法国小镇吉维尼，《睡莲》系列作品的诞生标志着他已逐渐走向象征主义风格。

梵高十分喜爱马赛画家阿道夫·蒙蒂切利的作品，他于6月29日去世后，梵高曾表示：“有时候，我感到他的生命正在我身上延续着。”

文森特·梵高

《蒙马特采石场的小山丘》1886年

油彩
布
56.2 cm × 62.5 cm

这幅风景画描绘的是位于蒙马特北面山坡上的采石场。这个采石场曾为这座城市提供了数百年质量上乘的石灰石，到了梵高的年代基本被人们遗弃了。在纽南的时候，梵高曾画过一些当地的磨坊，把它们称为“上帝的磨坊”。这幅画中的磨坊同样有着不可比拟的象征意义。就在这片著名的风景中，这些磨坊面临拆除，随之一同消失的还有历史与工作。这幅画的灵感，来源于雕刻家奥古斯特·德拉特在这一年的《艺术家》杂志上刊登的九幅蒙马特风景画。当然这幅作品就像其他风景画一样，是以画家真实生活中的社区为原型的，并且与其他两幅同样画有磨坊的作品一起构成了一个小巧、珍贵且构图严谨的系列，展现了梵高对景物的深入观察。

画中的两个人物画法简洁，显得小巧可爱。梵高采用写实主义的色彩，与深受荷兰人喜爱的画家科洛在这个地方所画的风景画十分相近。画上的光线柔和地渲染在整个环境中。

文森特·梵高

《铃鼓咖啡馆桌前的女人》1887年

油彩
布
55.5cm×46.5cm

这个细节表明了当时梵高与提奥都沉迷于日本版画中。他们在阿戈斯蒂娜的咖啡馆中举办日本版画展览，与朋友们进行讨论交流。

除了绘画技巧外，在这幅画里还可以看到梵高接受了主流的创作观点，选择了典型的印象派主题。而他之前所画的农民，仿佛在时光中静止，此时显得是那么遥远。不管是在以前、当时还是以后的时间里，梵高从来都无意去记录时代的人物，他所做的只是将人性的一面展现出来。一直以来他都要为筹钱雇佣模特的问题头疼，在纽南他同样要支付工钱给那些做他模特的农民。而在巴黎，梵高没费太多力气便找到了一个女模特，她叫阿戈斯蒂娜·赛加托里，曾为科洛和杰罗姆做过模特，梵高那些裸体画像中唯一的人物应该就是她了。她是一家咖啡餐馆的老板娘，梵高常常去她的咖啡馆里吃饭，展出自己的画作。应该就是在这一年春天的一次画展中，梵高画下阿戈斯蒂娜坐在桌前的场景。咖啡馆的名字“铃鼓”，正是来源于咖啡馆里的圆桌和装饰品。

画中的女性角色常常被看作社会上不合群人物的代表，这一点在埃德加·德加1876年的《喝苦艾酒的人》中得到了充分体现，里面的女人代表了孤独与忧伤。这幅画也是如此，但没有那么沉重，梵高想表达的只是“一种印象，一种感觉”。

油彩

布

46cm×38cm

文森特·梵高

《从勒皮克街高处看巴黎的风景》1887年春天

“这是这一系列画作的主题，有着不同光线效果。我不知道一共有多少幅。”提奥如此记录下梵高研究透视法的过程。

“你一定想象不出梵高的变化。对于这件事别人比我感到更吃惊……医生说他已经完全恢复健康了。他的画进步飞速，开始获得成功。”这是提奥1886年6月给母亲安娜写的信。兄弟两人间的摩擦被抛之脑后，提奥对梵高的到来感到很高兴。梵高从来就没有真正有过家人，现在提奥想要好好对他负责。为了让梵高拥有一间画室，提奥甚至换了房子，尽管都是位于蒙马特地区。

提奥曾这么描述他们的公寓：“从我们住的地方向窗外望去，可以看到城市绝美的风景，远处是默东山、圣克鲁山……可以看到十分开阔的天空，就像站在沙丘上一样。”不过这幅画只是生硬地将印象派的特点照搬上去。而对于远处渐渐淡出的天空与城市，梵高则是用柔软的笔触来涂抹。在画面的其他部分，可以看到梵高有意将蓝色与橙黄色、红色与绿色放在一起。从笔法上说，这幅画与卡米耶·毕沙罗同时期的一些油画较为相似。

文森特·梵高

《蒙马特的菜园》1887年4～6月

油彩
布
81 cm × 100 cm

“法国的空气使人头脑清醒，这对一切都很有好处。”这是梵高的想法，从画中我们也可以看出些许这样的感觉。这幅画是梵高认为难以卖出的系列之一，但他认为画面活泼愉快，适合放在农户家中或者餐厅中。这同时也是1888年春天在独立沙龙上展览的作品之一。梵高对此感到很满意，还表示愿意把这幅画赠给海牙现代艺术博物馆，“因为在那座城市我们曾有过许多回忆”。事实上这个博物馆一直在购买当代艺术家们的作品，梵高希望通过这样的赠予让自己跻身于博物馆收藏的画家之一。评论家古斯塔恩·卡恩却对梵高颇有微词，他在一篇有关沙龙的文章里批评梵高没有仔细研究色调，说梵高的画面是依靠颜色的互补构成的。毫无疑问，梵高不是一个会受他人言论左右的人，他对此回答道：“人不可能面面俱到，只能选择做自己最想做的，而对我来说那就是色彩。”

在画面上方仍然是层叠的色彩，用白色、蓝色与绿色形成开阔的光亮效果。

下方是有着宽敞马路的城市。再往下是暂时还沉浸在宁静中的乡村，由简陋的房屋、未修缮的道路以及被梵高称为“小老百姓”的纯朴人民组成。

梵高一直对透视法非常感兴趣。在这幅画里他通过使用纯粹的深互补色把菜园置于画面最前方。

文森特·梵高

《戴灰色毡帽的自画像》1887年

油彩

布

44 cm × 37.5 cm

阿姆斯特丹梵高博物馆中展有18幅梵高自画像。在梵高早期的作品中，有两幅小尺寸的自画像，画里面的梵高戴着帽子、抽着烟斗。这让我们不由想起他曾经画过的荷兰农民，同样也是靠烟斗聊以消遣。当然可以确定的是，梵高有意将自己的形象与他们区别开来。科尔蒙画室的同学哈特里克曾回忆，“梵高一向衣着得体，比其他同学都要好多了”。他的绘画功力以及对自身的反省，都在慢慢地进步。

与保罗·西涅克的激烈讨论让梵高熟悉了分色主义的色彩技巧，不过在作品中他依然坚持自己的手法。他觉得把纯粹的色彩用小点块（不是小细点）的方式铺满画布，能使整个画面更具动感，这实在是“一个巨大的发现”。这幅画中他采用环形的方式来布置画面，将自己的特色与他人区分开来，也预示了20世纪初先锋主义的走向。

文森特·梵高

《埃斯尼尔斯的公园》1887年5～6月

油彩
布
75cm×113cm

“面对西涅克的不断劝说，梵高明显招架不住，在埃斯尼尔斯开始画一些点状笔触的风景画……”从这幅画中可以看到西涅克色彩理论对梵高的影响。不知道西涅克花了多少精力，在蒙马特的小酒馆里不停地向梵高灌输他的理论，尽管梵高依然坚持自己的特色。画中的笔触很随意。不要被这幅画的名称误导了，事实上在完整的版本中应当是“埃斯尼尔斯公园中的情侣”（在梵高写给提奥的第474封信中提到）。因此我们欣赏这幅画的时候，不能简单理解为某个郊区公园中的一处风景，作品的主题其实是传统的公园爱情。

梵高在参观卢浮宫的时候对安东尼·华托的《向基西拉岛出发》以及蒙蒂切利以这幅画为原型创作的作品都十分喜爱，在纽南的时候他也曾读过龚古尔兄弟所写的《十八世纪的艺术》中对华托作品的抒情评论。这幅画的透视并不明显，梵高把画面聚焦在两对情侣身上，转移观赏者对画布中心的注意力。画中的女性用红绿两色点染而成，充满了生机活力，象征着春天的到来。

文森特·梵高

《树林与灌木丛》1887年夏天

油彩
布
46.5 cm × 55.5 cm

梵高经常长时间在大自然中散步。他曾给他在安特卫普美术学院的同学霍拉斯·曼·李文斯写信说他“画了十二幅左右的风景画，彻底的绿色，彻底的蓝色”。基本可以确定他并没有提到本页这幅画所属的系列作品，但从他的话语间我们可以跟随他的脚步一窥他的想法。这是一幅用于色调练习的精湛作品，尤其是在灌木丛那里可以看到印象派技法的痕迹。不仅如此，梵高画地面植物的灵感可能来源于纳西斯·迪亚兹·德拉·佩纳的作品。这个画家是巴比松派的一员，十分擅长在自然风景画中制造巧妙的光线效果。此外还可以看到阿尔方斯·蒙蒂切利那些深色模糊的花朵形成的“看得见的重量”的色彩效果，以及受修拉影响在不同色调的绿色上通过点染白色与黄色创造的光线效果。

值得一提的还有缠绕在树上的藤蔓，对梵高来说这些象征着情感的纠缠关系。

文森特·梵高

《城墙、马车与行人》1887年夏天

铅笔，油墨，水彩
羔皮纸
24 cm × 31.5 cm

这幅明亮的习作是梵高在 1887 年夏天练习绘画巴黎城墙的系列之一，这些习作后来都没有成为真正的油画。城墙的构造并不是梵高感兴趣的地方，他关注的是城墙以外的东西，是他接触的那些老百姓们。“我的朋友，巴黎就是巴黎，世上只有一个。”梵高给他的朋友李文斯这么写道，充满了深情。他先是被巴黎深深吸引，而后完全沉迷于其中。他可以每天在清晨起床，到户外散好几个小时的步。不管是在荒凉的无人之境还是在熙攘的市区马路上，梵高总能抓住一个地方的灵魂所在。他先画出草图（梵高博物馆中收藏有一本该主题的草稿集），然后在画室里将画完成，最后上色。他关注的焦点不是建筑物，而是一个整体，有生命的和无生命的，共同存在于这个城区中。城墙由于在普法战争中无法起到防御作用，从 80 年代起已经毁坏了。巴黎人融洽地生活在这个环境中，如今这里有妓女，有流浪汉，有罪犯，还有最底层的穷人。到了周末，这里成为居住在克利希工业区的人前来散步的地方。

文森特·梵高

《日本画：花魁》（临摹自科赛·艾森）1887年7～9月

油彩
布
105.5 cm × 60.5 cm

这幅画是梵高最著名的作品之一，是从当时一本介绍日本艺术的《巴黎插画》杂志封面上临摹画下来的。梵高保留了原画长方形的形状，在亮黄色的背景上用红色和绿色的色调刻画出女人的形态。原先由歌川广重画的花枝被长着竹子的水上花园取代，这取自另一位日本浮世绘大师的作品。

浮世绘，以歌舞妓的生活为题材，是日本一种十分重要的艺术文化。在梵高这一年秋天画的这幅非常著名的肖像画《唐吉老爹》（现藏于巴黎罗丹博物馆）中，他把这幅浮世绘置于背景中，希望能在一定程度上为作品增添一点历史文化底蕴。唐吉老爹是一个颜料商，一些印象派画家是他的顾客，梵高也不例外。他不止出售颜料，还在他的店铺橱窗中展出他的顾客朋友们的画作。他年轻的时候是城市里的士兵，相信可以实现一个没有个人主义与野心的和谐社会。梵高对这个人很是喜欢，他曾写道："我生活在这里就像一个小资产阶级的日本画家一样。"

1853 年，日本开放对外贸易，这个有着千年历史的保守文明也因此被西方世界发现。歌舞妓这个形象融汇了许多与西方大相径庭的特点，代表了东方的文化。

鹤，除了是东方的一种典型动物以外，在这里也许还象征了妓女这种“职业”，与西方人所说的“艺妓”意思差不多。事实上，在法语中“鹤”就是妓女的别称。

这只青蛙临摹自歌川芳丸的画作，除了因为青蛙常被用于代指妓女外，在这里还是与睡莲相对应的动物。不久后，由于莫奈作品的缘故，睡莲开始流行开来。

文森特·梵高

《日本画：盛开的洋李枝》（临摹自歌川广重）1887年夏天至秋天

油彩
布
73 cm × 54 cm

画面最前端这种树枝的画法，将再次出现在梵高 1889 年 4 月于阿尔勒创作的一幅出色的油画中，画的是鲜花盛开的果园。

阿姆斯特丹梵高博物馆中拥有 400 多幅日本版画，这都来自梵高与提奥的收藏。这些版画有一部分是从国际知名的商人塞缪尔·兵手中购买的。当时，巴黎是欧洲城市中与远东文化接触最多的城市，在 1867 年巴黎世博会上“日本主义”（这个名词由评论家菲利普·伯提所创）获得了巨大的成功。塞缪尔·兵创办了杂志《日本插画》，在阿戈斯蒂娜·赛加托里的咖啡馆里举办了一场十分重要的日本作品展。早年在安特卫普的时候，为了使房间不显得过于空荡荡，梵高曾在墙上挂过一些版画的印刷品。如今他发现在巴黎这些版画数量庞大，价格低廉，于是对版画愈发感兴趣了。在创作时，梵高为了使作品更趋完美，曾用一张方格纸来临摹歌川广重原作的印刷品。这也是梵高绘画练习的一种，他深深着迷于将大自然微缩至方寸之间的效果。而画两边的象形字则是梵高自己创造的。

油彩
布
48.5 cm × 65 cm

文森特·梵高

《静物：白葡萄，苹果，梨和柠檬。“献给我的弟弟提奥”》1887年秋天

这幅静物画中“各种黄颜色统一协调”，从白色之上迸出的玫瑰色与数笔点缀的蓝色和谐地融合在一起（这是梵高受印象派影响后形成的个人风格）。不过，用于突出梨的轮廓的深红色则是受到东方装饰主义的影响。

“他两年前来这里的时候，我从没想过我们的关系能变得如此紧密。现在他走了，我又是孤单一人，家里显得空荡荡的。梵高是那么独特，很难找到一个能够取代他的人。他博学多识，对这个世界有着清楚的认识。我相信只要他在这里多留几年，一定可以出人头地。”提奥在梵高离开巴黎的时候，写了这样一封信给他们的母亲。这幅画上明亮的光线，象征着梵高在这几个月中感受到的力量。毫无疑问，梵高吸收了不少印象主义活力四射的绘画风格，尽管他自己其实并不需要任何“主义”。但事实上两人间平静相处的时间并不长，就在梵高到巴黎后不久，提奥写信给姐姐说：“家里的生活令人无法忍受，没人想来我这里做客，因为每次来都会和梵高发生争吵。他身上仿佛有两个人：一个极有天赋，体贴又温和；另一个则固执己见，自私自利。”

亨利·德·图卢兹–洛特雷克

《梵高肖像画》1887年

干粉彩
纸板
57 cm × 46.5 cm

有关这幅画的重要信息，是图卢兹–洛特雷克与梵高共同的朋友埃米尔·伯纳德留给我们的。这幅肖像画大概创作于1887年初，极有可能是在铃鼓咖啡馆里完成的，当时梵高常与朋友们在这家咖啡馆里相聚。图卢兹–洛特雷克从1881年下半年起定居在巴黎，是各种绘画比赛与费南迪马戏团的常客。他先后师从历史画家布兰斯多、博纳和科尔蒙，认识同时期的艺术商唐吉和画家保罗·塞尚。1886年与梵高建立了友谊，自此两人经常碰面，进行各种讨论。从这幅画里可以明显看到梵高对图卢兹–洛特雷克正在慢慢形成的艺术风格的影响。他也曾为另一位画家伯纳德画过无数姿势不同的肖像画，每一幅都认真细致，下笔从容。由于他与梵高相识，所以很有可能他的创作方法也与梵高相同。因此，可以推测图卢兹–洛特雷克也是在阿戈斯蒂娜咖啡馆中作画的常客。

镜子的处理手法表明画家希望把屋外的色调渲染到屋内，零散的几笔黄色线条暗示着画面外有一盏灯。

图卢兹–洛特雷克尤其钟爱干粉彩画，他还曾用干粉彩画过更加饱满与“完整”的版本，使物体看起来立体感更强。不过，这幅梵高肖像画还是应当被视作“已完成”的作品。

轮廓的刻画是洛特雷克最喜爱的主题之一。在他早期进行练习与创作作品的时候，梵高正在科尔蒙画室学习，完成了波拉伊奥的雕塑作品《战士的半身像》的临摹。

文森特·梵高

《静物：苹果》1887—1888年

油彩
布
46 cm × 61.5 cm

1887 年秋天梵高又画了许多出色的静物画，继续满腔热情地投入于此类作品的创作中。在这一年的夏末，他已经完成了一系列剪断的向日葵油画，画中黄白两色与红绿两色和谐地融合在一起。整整一年，他创作了许多构图不同的书本静物画（画作是《巴黎的罗马人》），目的是为了在冬天可以创作一些花、书本与小型石膏模型共存的静物画。他还画过葡萄，因为可以通过一颗颗葡萄的仔细描绘来提高自己的水平。此外，他还画过大白菜与洋葱的静物画，在这些画里蓝色、灰色与黄色的使用达到了绝佳的效果。如同在纽南画过的土豆一样，梵高这里画的苹果也是完整的，并且每个苹果展现的角度和构造都不一样。相比那幅他送给卢西恩·毕沙罗（埃米尔·毕沙罗的儿子）的画，苹果一个个都是分开的，这幅静物画中的苹果互相挨着，通过互补色的使用创造了令人惊讶的效果。梵高拥有一个刷有中国漆的小箱子，里面有许多不同颜色组成的毛线团，其中就有一团的颜色与画上红艳多汁的苹果相类似。

文森特·梵高

《自画像》1888年1月

油彩

布

65.5 cm × 50.5 cm

梵高写过这样的信给高更，描述了他在巴黎最后的日子，“当我离开巴黎的时候我彻底垮掉了，病得厉害，又酒精中毒。”他走在路上感到整个人“精神麻痹”。虽然他那段时间活力充沛，但事实上也十分危险，因为那样的生活就像贪婪的吸血鬼一般吸走了他全部的精力。他给妹妹维尔敏娜写信说，这幅自画像超越了照相机之类的机器所能表达的效果，只有这样的画才能充分展现他的内心，表现他“毫无精力”的生活状态。画面背景是“灰白的墙壁”，笔触平稳，展示了梵高对互补色调的高超掌控能力。画中的他眼里盛满了忧伤。

也许梵高在这里使用的技巧是他从1883年就掌握了的面部画法。这幅画与另外两幅十分著名的自画像相关。一幅是伦勃朗的自画像，画中的人“微笑着，露出了残缺的牙齿，就像一头年老的狮子……头上裹着一条亚麻布，手上拿着一个调色板”。另一幅是塞尚的《塞尚与调色板》，梵高采用了这幅自画像的构图，同样也画了调色板。

文森特·梵高

《玻璃杯中的杏花枝》1888年3月

油彩
布
24 cm × 19 cm

“很遗憾他一点儿也不想赚钱，因为他想要的话一定能做得很好。但是他就是这样一个人，不会改变的。”提奥的这席话提到了梵高的又一次变迁。巴黎让梵高获益匪浅，也令他精疲力竭。他1887年写信给维尔敏娜（梵高把这幅油画的第二个版本赠送给了她）说：“我一旦身体允许，就想去南方，那里有更多的色彩和更多的阳光……”

1889年2月19日星期天，梵高离开巴黎，前往阿尔勒——一个位于历史悠久的普罗旺斯省的小城。他于29日到达阿尔勒，随后立即给提奥写信：“在这趟旅途中，我看着车外陌生的风景，一直想着你。我对自己说，也许不久后你也会过来。对我来说已经不可能在巴黎作画了，除非我能在那里找到一个可以休养生息、恢复精力、再重新拾起冷静与自信的地方，否则我只能在浑浑噩噩中迷失。”如果说他在埃斯尼尔斯“看到了比过去都要多的色彩”，那么在阿尔勒他又一次感到“有能力做出一番成就”。

文森特·梵高

《朗格洛瓦桥》1888年3月

油彩
布
59.5 cm × 74 cm

“阿尔勒很漂亮，就像日本一样，有着清新的空气和明亮的色彩。河水在阳光下变幻成碧绿色和深蓝色……”这里的景色令梵高联想到荷兰的风光，他于3月份创作了几幅关于吊桥的作品。这座吊桥位于城市出口的运河上，以前被称作“德·勒希那勒桥”，后来人们以守桥人的名字朗格洛瓦来命名它。

在画面最左侧可以看到船闸，运河在这里汇入罗纳河。草色嫩绿，洋溢着春天的气息；河水清澈，映射出乳蓝色的天空。画面上的景物都小而精致，展现了梵高对日本绘画风格的吸收。除了这幅画外，梵高还创作了几幅与吊桥相关的其他作品，画面更加靠近桥的栏杆，岸边有一群女人，其中有一个正在专心地洗衣服。色彩的笔触不再那么平滑，波纹的线条对比更加明显，颜色也更深。

文森特・梵高

《梨树》1888年

油彩

布

73 cm × 46 cm

“紫色的背景下，有围墙、高大的杨树与湛蓝的天空。紫罗兰色的梨树树干，白色的花朵，还有一只停在花上的黄色大蝴蝶。左边的角落里，是黄色芦苇、绿色灌木与花坛围成的小院落。还有一座粉色的小房子。”这是梵高给朋友伯纳德写的信中对这幅画的描写。梵高画过许多开花的树，这一幅也许是这些画中最接近俳句（一种日本的诗歌形式，用来歌颂稍纵即逝的美）的作品了。歌川广重曾把盛开的洋李树，通过自己的重新创作与演绎，画成朦胧的开花小灌木，而这里梵高则将其处理成模糊的花团。梵高一直对大自然怀有极深的感触，不是因为节气的变化，也不仅是因为植物的花开花落，更多的是因为人类要依时而作，随自然的周期变化而生老病死。梵高之前画过玻璃杯中的杏花枝，表现了稍纵即逝的美；而这里的树则有不同的意味，象征了持久永恒的美。

文森特·梵高

《粉红色的果园》1888年

油彩
布
64.5cm×80.5cm

又一次远离喧闹的尘世，回到乡村，梵高立即投入到与大自然相关的创作中。他曾说过，“艺术是人类接近自然的形式”。探究梵高决意前往普罗旺斯地区的原因也许并不重要，但可以确定的是，他肯定从他欣赏的三位艺术家蒙蒂切利、左拉和塞尚那里听说过这个充满阳光的地方。春天万物苏醒，这里的景色让梵高非常着迷：恍如他梦中的日本，就像上一年他画过的日本画一样。当他来到鲜花盛开的果园中时，那些曾启发过他画《玻璃杯中的杏花枝》的日本版画甚至被抛之脑后了。整个花期梵高一共创作了十四幅油画。他为什么要一次次重复创作相同主题的作品呢？原因有很多，为了精益求精，画出大自然的感觉，表现花开的真实效果，刻画阳光洒在花瓣上的样子（从中仍可看出印象派的特点），以及期待公众能够爱上此类作品的愿望。此前已有米勒、多比尼等人画过这类主题，梵高又以自己的风格画出了永恒的美感，为西方绘画史再添一笔。他建议提奥把两幅果园画和桃树的画保留下来，不要卖掉，因为“它们日后可以值上500法郎”。

寥寥数笔白色与黄色的笔触，便画出了绽放中的花瓣的轻盈。而纤细的蓝色线条，则勾勒了枝条的形态。

树干是用青紫色与深绿色画的，与草地上黄绿两色和谐交融。草还在生长中，梵高在仍然裸露的空地上刻意留白。

这幅画的透视手法极为简单，梵高想达到的效果很简单，即突出画的真正主角——开花的树。

文森特·梵高

《桃树》1888年4月

油彩
布
80.5 cm × 59.5 cm

花团轻如云朵，细如羽毛。精妙的落笔与纯粹的色彩反映了印象派的特点。

本页的油画是这幅作品的第二个版本。在三月末梵高曾这样给妹妹维尔敏娜写道："你要知道，调色板是画不出南方的色彩的，像毛沃这样的灰色调大师只能留在北方。在这里，所有的颜色都是明亮的，有天蓝色、粉红色、橙黄色、朱红色、亮黄色、湖绿色、紫红色和紫罗兰色。和瓦格纳的音乐一样，就算由大型管弦乐团来演奏效果也不会有丝毫的减弱。"这幅画的第一个版本梵高赠送给了安东·毛沃。对梵高来说，盛开的树非常适合他此刻的状态，象征了他生命的重生。他希望这幅画"有一个简单的画框，最好是纯白色的"。毛沃的遗孀在九月份收到了这幅画，她向梵高表达了喜爱的心情。梵高这样评论道："我开始觉得，所有的画家都会慢慢地向印象派靠近。"

油彩
布
60 cm × 81 cm

文森特·梵高

《白色的果园》1888年

梵高一直对自己懂得怎样迅速完成一幅作品感到很骄傲："日本画家画画的速度风驰电掣，因为……他们的感觉更简单。"

"厚实的颜料，留白的画布，完全未完成的角落，修改的局部，粗糙生硬。总之，亲爱的朋友，没有什么技法可言。"梵高写给埃米尔·伯纳德，"狂乱的色彩填满了蓝白的天空。"

梵高对这幅油画十分满意，他甚至对提奥提出了画框的要求："白颜色的，线条冷峻的，质感光滑的。"独立沙龙举办在即，梵高还向提奥提议要把这幅画寄过去参展。果园这一系列的作品让梵高兴奋不已，他尝试着不同的构图（有时他甚至要用柏树制成的取景器来框进更大的画面）。这些树木，是大自然的见证，是梵高难以抑制的力量的见证，是他不断为后人带来惊喜的见证。画中的树根深埋于地，树干高耸入云，散发出灵性；绽放的花朵隐隐约约，似有若无。这件独一无二的作品向我们展示了一个艺术家是如何通过不同途径来表现"光线"这个永恒的艺术主题的。光线，在日本艺术中是平面的，而对于印象派画家来说则是所有事物的原动力。到了梵高这里，光线是这两种派别的融合统一，与他艺术生涯阶段的其他要素一样，连接着过去与未来。

文森特·梵高

《一双木屐》1888年3月

油彩
布
32.5 cm × 40.5 cm

在阿尔勒，梵高同样对风景和人物保持着很大的兴趣，而“鞋子”也是他一向钟爱的主题。早在比利时的时候，他就画过鞋子的静物画，因为在他看来鞋子是最能代表人的物品之一。梵高甚至专门去买鞋子来穿，直到把它们穿得快烂了，然后画下它们的样子。这幅画与他那幅赠送给卢西恩·毕沙罗的《静物画：苹果》风格相似，后者是他在巴黎创作的最出色的作品之一。此外从这幅画的一些细节中也能看到梵高喜爱的日本版画的痕迹。

一般来说，木屐是农民穿的鞋子，可以用来区分农民与其他劳动者或者社会其他类型的人。因此我们也可以很快联想到米勒曾画过的《木屐》，他是一个对梵高产生深远影响的画家。比起在巴黎的作品，这幅画中梵高对色彩和笔触的处理更加轻松随意，因为他刚刚到达南方，心中充满了希望，这双木屐很好地展示了他当时的心理状态。

文森特·梵高

《圣玛丽海滩上的渔船》1888年6月

油彩
布
65 cm × 81.5 cm

在海牙的时候，梵高曾希望“在我人生的某个时刻有足够的能力来画好海滩、海水与天空”。如今他的绘画技巧已经足以满足这个心愿，要面对的是一个全新的挑战：创作50幅能够面向公众进行展览的作品。他决定前往一个著名的小渔村，那里每年5月都会有大量的吉普赛人前去朝拜他们的保护神莎拉。这幅作品最初是一幅用麦秆画成的素描，从颜色的使用可看出创作的地点。在这个系列的其他作品中，画面的主角是大海，而在这里却是渔船——人们工作和生活的工具。

梵高是这样向他的朋友伯纳德描述的：“绿色、红色和蓝色的小小渔船，形态可爱、颜色鲜亮，让人想起花朵。”有意思的是，梵高在这里选择的画面角度，恰好可以看到刻在其中一艘船架上船的名字。色彩勾勒出了船的形状，也让人看到日本画风格的痕迹。这幅油画很好地将自然主义与象征主义融合在一起。梵高十分喜爱地中海灿烂的颜色，对他在卡马格度过的愉快日子念念不忘。

AMITIE

文森特·梵高

《拉克罗平原上的收割》1888年6月

油彩
布
73 cm × 92 cm

从6月12日到20日，梵高创作了另外一个系列作品——麦田系列。这个系列更加完整，也更为人所知。在猛烈的阳光下，人们从不停歇地劳作，除非有一场暴风雨来阻止他们。梵高写信给提奥说，他觉得这幅画与那幅《白色的果园》一样出色，但这幅画立体感更强，风格更明显。作为一个欧洲北方人，他懂得如何画出北方土地的色彩，但现在却深深陶醉在这里的阳光中，感觉到“炙热的自然在燃烧”。

由近及远地看，画面最前端是用黄色与红色线条画成的麦穗，麦田一直向远方延伸，最远处是蒙马儒的修道院与阿尔卑斯山脉。之前，梵高已懂得将春天的柔美汇聚于开花的果园中；现在，他又成功捕捉到夏天的气息，将蓝色的天空与金黄色的麦穗置于其中形成鲜明的对比。梵高深知这件作品的价值，尽管他一向是个谦虚的人，仍忍不住向提奥说了三次这样的话：“这幅油画，足以让其他的作品黯然失色。”

梵高把所有与乡村生活和劳作相关的要素都画于其中，比如马车和茅屋，还有收割过的土地。而远处的青蓝色山脉，夹杂着数笔白色的线条，将整个麦田置于下方。

文森特·梵高

《从蒙马儒看拉克罗》1888年7月

铅笔，棕色与黑色的鹅毛笔和麦秆
瓦特曼纸
49cm×61.1cm

画面最前端是用平滑的线条与细点画成的岩石，向后一层是用弯曲交错的线条画成的树木。麦田里同样使用了细点。而葡萄树则是用黑色与棕色混杂的线条画成的。

这是数量可观的田地收割与风景系列中的一幅素描。在海边的圣玛丽，梵高尝试过用麦秆和墨水作画，这样画出来的线条随意性很高。从这幅素描和其他素描中，可以看到梵高这种作画的手法已经炉火纯青。从他来到普罗旺斯省的那天起，他就对远处“山丘上的废墟”着迷不已，用自己的想象把它们画在画中。后来他决定前去一探究竟，在给提奥的信中详细地记录下他是如何一步步地靠近蒙马儒山丘，一笔笔地画出岩石和植物的具体形态的。

高更即将前来阿尔勒的消息更是令梵高振奋不已。这幅画“从高处向下望，放眼尽是平整的土地，上面有成片的葡萄树和收割过后的麦茬”。梵高曾说：“虽然大海也是一样的广袤无边，但我更喜欢麦田，因为有人居住在里面。”虽然我们无法得知梵高创作这幅画的确切时间和天气状况，但我们可以推断出当时如果有风的话，梵高是不可能将画架稳固地架在山顶的，尽管就算有风他也一样可以画出其他出色的作品来。

文森特·梵高

《收割过的土地》1888年9月

油彩
布
72.5 cm × 92.5 cm

“我看过他在炙热的太阳底下一连走了好几千米，只为了画出他想要的效果。他毫无畏惧，无论是下雨、刮风、霜寒还是下雪，都不能阻止他。为了画出布满星星的夜空或者中午的骄阳，他可以不分昼夜地工作。”朋友埃米尔·伯纳德是这样回忆梵高的高强度工作的。

梵高一直认为他的时间所剩不多，活不了几年，因此他强迫自己以一种正常人难以忍受的速度和强度来作画。这段时期他对自己十分满意，尽管身体感到了疲倦，却不愿意停止。评论家约翰·雷瓦德向我们解释了梵高在法国南部所看到的事物：“那里有德拉克罗瓦笔下鲜活的摩洛哥色彩，有塞尚笔下纯朴而认真的民众，有蒙蒂切利笔下夺目的颜色，有日本版画周边镌刻的风景，有喜爱的南方作家左拉和都德描写的风土人情，也许还有高更在安的列斯群岛看过的富饶风光……这些都让梵高深深着迷，不知疲倦地将它们画下来。”

文森特·梵高

《道路（黄房子）》1888年9月

油彩

布

72 cm × 91.5 cm

保罗·西涅克一向是梵高的忠实朋友，有一次他到阿尔勒拜访梵高。“他把我带到他在拉马丁广场的家中，在墙上我看到了他那些出色的作品，如《阿利斯康的小路》《夜间咖啡屋》《摇篮曲》《船闸》《圣玛丽风景画》《星月夜》等。你们可以想象一下那面石灰墙上挂满了鲜活的色彩是多么震撼人心。”

西涅克说的“家”指的就是那间著名的“黄房子”，这是梵高一直以来梦想拥有的屋子，用来安静地画画以及招待朋友。这间房子并不大，但光线充足，显得十分明亮。梵高从五月初开始租下房子。在提奥生日的那天，梵高写信给他描述了房子的样子。他一直有个传统而大胆的设想，即成立一个画家联合会，因为他觉得一群人一起工作可以相互激励。他心中的理想模式就是18世纪的荷兰画家互助会，他甚至连名字都想好了——南方画室。这个想法梵高跟谁说呢？他第一个想到的人是高更。他们是在巴黎的时候认识的，在梵高看来高更是个“勇敢而真正的”画家。后来，高更成了象征主义与综合主义的精神之父。

保罗·高更

《自画像（悲惨世界）》1888年9月

油彩
布
45 cm × 55 cm

这幅画是这位巴黎画家最著名的作品之一。当时高更身在布列塔尼，与包括埃米尔·伯纳德在内的几位年轻朋友在一起。梵高向他提议两人交换自画像，于是他把这幅画寄给了梵高，题名“赠给朋友文森特”。画面中高更的头像在左侧，而右侧是伯纳德的轮廓。一个月后，高更给商人舒夫内克的信中对此这么写道：“我觉得我应该对这幅画解释一下……画中的我衣衫褴褛，面露匪色，就像冉阿让（维克多·雨果的《悲惨世界》中的主人公）一样。他品质高洁，为人善良……眼睛和鼻子的画法参考了一张波斯地毯上的绣花，显得更加抽象。画面背景上的花朵显得有些稚气，代表了我们面对艺术时的赤子之心。这张脸既是我的自画像，也是我们每个人的画像，我们都是这个社会可怜的受害者，内心从善，却遭到背叛。”梵高对此并没有特别赞赏。这幅画反映了高更独特的艺术风格：超乎常规的构图，平涂的色彩，极少使用非自然光线及装饰性的轮廓线。

文森特·梵高

《卧室》1888年10月

油彩
布
72 cm x 90.5 cm

梵高给高更这么写道："我为我的卧室画了一幅画，你知道的，里面有白色木头做成的家具。尽管房间极为简陋，如同修拉的简单主义，我却觉得很有意思。颜色都是平涂上去的，但因为质感粗糙，所以颜色间不会混在一起。通过这些截然不同的色彩，我想表达出一种彻底放松的感觉，为了达到这种效果我甚至为白色的镜子画上了黑色的镜框……"从这些话中可以看出，梵高十分清楚怎样才能画出一幅好的作品来。这幅画表现的是他的生活，反映的是他的内心世界，同时在构图与色彩方面亦完美无瑕。在构思的初期，梵高希望这幅画展现的是家庭生活，想在床上画一个裸体的女性，或者一个婴儿的摇篮。他还希望为这幅画加上一个白色的画框，这样能把这些鲜活的色彩都镶嵌起来。这幅画后来又画了两次，是在梵高住进圣雷米精神病院时完成的。因此这幅画又象征着梵高已不复拥有的生活。

梵高在小桌上画了一些简单的日常用品，这些都是他实际生活中所用的物品，对他来说已经足够。在他看来，这些物品都有自己的灵魂。

这个房间小而局促，梵高为了突出他个人的特点，把原本白色的家具全都画成了黄色。另外不要忘了墙上的画，里面有一幅是他的自画像。

这把椅子不只是一个透视练习（受学院教育的影响），更多的是梵高想通过这把椅子将自己融于画中，因为它残破不堪，一如它的主人。

保罗·高更

《梵高肖像画》1888年11月

油彩
布
73 cm x 92 cm

梵高把他设想中的画家联合会的每个细节都想好了，甚至连画室都设计好了，要用12幅巨幅的向日葵来装饰，以达到“蓝色与黄色色调协调”的效果。10月23日高更来到阿尔勒，自诩为梵高的导师，这让梵高不太喜欢。他把自己的理念灌输给他的“学生”，让他放开一切尽情想象，但梵高却希望能忠实于事物的原型。两人的争论愈演愈烈，无法平息。这一点在这幅出色的作品中也可以感受到。构图依然是出乎常规的：画面的视角由上往下，显示了一种距离感与统治感。高更后悔接受了梵高的邀请来到阿尔勒，梵高的弟弟提奥还要为此承担他们的生活开销，对此高更曾这么写道：“我在这里的情况很不尽如人意……尽管如此，我不能因为这些误解而跟这个善良的人生气，他更多的是一个受病痛折磨的病人，需要我在他身边。”梵高为了攻击高更，不惜自残，割下了自己一只耳朵的一块肉，把它送给了阿尔勒妓院里一个名叫雷切尔的妓女。

高更起初的风格是接近科洛与巴比松派的，后来他慢慢地放弃写实画法，把所有物品的体积、形状都简单化，将色彩大片涂抹，与自然主义相悖，标志着日后将使他扬名的分隔主义。

一年后，梵高给提奥的信中这样评论这幅肖像画："从此之后，我一直显得很平静。但事实上我极度疲劳，压力很大，就像当时一样。"

"我想画下他在画最爱的向日葵时的模样。当我画完后，梵高对我说："没错，这是我，但是已经疯了。"对梵高来说，向日葵象征着生命与阳光。从在巴黎的时候开始，他用热烈的金黄色，画了无数的向日葵。

文森特·梵高

《黄昏的播种者》1888年9月

油彩
布
32 cm × 40 cm

这幅油画可以看作田地劳作系列的最后一幅作品。这幅画无论是从内容还是构图上看，与之前夏天创作的作品差异甚大。画面上的太阳不再火热，象征着精力与能量的减弱。从一定程度上说，梵高已经到了最低谷的时候。高更的到来，非但没有让他振奋起来，反而让他更加一蹶不振。梵高不惜一切来到普罗旺斯，想得到的并不是这样的结果。那个“病”，一日日地吞噬他，让他在幻觉与崩溃中大起大落。有时候梵高还会因为“不能被高更理解”而发狂，巨大的压力让他无法控制自己。在高更来阿尔勒之前，梵高写道：“我感到我必须一直画下去，直到身心被彻底压垮为止，因为除了画画我没有其他办法来解决我的开销。”一段时间后，他又写道：“我的画一文不值，而这里的开销却庞大无比，简直要了我的命。”他几乎支撑不下去了。到了 12 月，妓院里的妓女们报警并唤来一群男人将梵高的房子包围后的第二天，“当地的良民”请愿将梵高关起来以重获安宁，于是梵高被送进了医院里。这个“疯子”，又能躲到哪里去呢？

文森特·梵高

《高更的椅子》1888年12月

油彩
布
90.5 cm × 72.5 cm

"在我们分开的几天前，当时由于我的病我被关在病房里，我试着画出高更'空荡荡的座位'。这是他的棕红色座椅，上面有一张淡绿色的草席垫，一个燃烧的烛台，以及几本现代小说……"这是梵高 1890 年 2 月 12 日写给评论家艾伯特·奥里埃的信中对这幅画的描述。梵高以这寥寥数语，道出了他对 12 月 23 日那天所发生事件的悲伤，以及对他精神状态的担忧。梵高一向对椅子十分感兴趣，在 1881—1882 年期间，椅子还是他练习的物品之一。他还曾在英国杂志《插画》上看过画家菲尔德斯画的查尔斯·狄更斯去世后的空椅子系列，此后便难以忘怀。在这里梵高尝试着营造出一种"夜晚的效果"。有一天梵高在极度激动的状态下拿着一把剃刀企图攻击高更，高更恐慌地逃走了，第二天就离开了阿尔勒。

文森特·梵高

《阿尔勒的老妇人》1888年2月

油彩
布
58 cm × 42.5 cm

梵高一直期望自己能在肖像画领域有所成就，在阿尔勒他又画了许多肖像画，其中不乏一些画得很迅速的作品。这些人都很朴实无华，但梵高对他们的面孔、表情和特征十分感兴趣。他笔下有农民帕西恩·伊斯卡里，诗人欧仁·博茨，情人保罗－尤金·米勒，最重要的还有他的“阿尔勒女人”玛丽·吉努。

“并不是说她们长得不美丽，外貌并不是我画这些女人的原因，更多的是因为她们服装的样式、鲜明的色彩以及布料的质感……”

这幅油画是梵高到达阿尔勒后不久画的，随后他又画了不少更有名的阿尔勒女人肖像画。这位满脸皱纹的老妇人显然不如大街上的女人好看（她们是这个城市的骄傲），但就像梵高在纽南和安特卫普画过的普通老百姓一样，这也是受到弗兰斯·哈尔斯和伦勃朗作品的启发而创作的。这个女人与丈夫约瑟夫一起在“黄房子”的一层经营一家咖啡馆。梵高让她摆了许多姿势，画了她身上的传统服饰、束发、黑丝带，还有她柔美的轮廓与“女王般”的举手投足。同时，他还画了他深爱的母亲，画中年迈的她慈爱地微笑着。

油彩
布
35 cm × 25.5 cm

文森特·梵高

《马尔赛·罗伦肖像画》1888年12月

在五月，梵高将马尔赛的画像寄给他的弟媳乔，乔当时正怀着孕。乔回信说她已将画像挂了起来，以便能够“从我在桌旁的位置准确地看见小女孩那双蓝色的大眼睛，美丽的小手和圆圆的双颊”，同时想象叔叔将会为将要到来的侄子画一幅同样美丽的画像。

“我为邮递员（罗伦）全家都画了肖像画，他们特征明显，是典型的法兰西人，尽管有时看起来他们像是俄国人。”梵高曾这么谈论起邮递员约瑟夫·罗伦。他们是在一家小酒馆里认识的，之后梵高有时会去他家里喝一碗汤。“罗伦这个人，”梵高给提

奥解释，“尽管并没有老到可以当我的父亲，但他身上有一股沉静而温柔的力量，就像一个老战士对待一个年轻人一般，能让我安定下来。”在梵高与众人为敌的那几个月里，约瑟夫一直坚定地站在他的身边支持他，直到几个月后他们一家搬去了马赛。

罗伦一家的肖像画都很好看，尤其是这幅小婴儿的画像，充满了柔情，因为梵高一向对小孩子怀有喜爱之情。除了这个小女婴外，梵高画过的罗伦一家还有：11 岁的卡米尔，一个可爱机敏的小男孩；16 岁的阿尔芒，一个正从少年迈向成年的男孩；约瑟夫，有着敏锐的目光和健硕的身体。值得一提的还有奥古斯汀，约瑟夫的妻子，梵高用明显受到高更影响的手法完成了她的肖像画。1895 年左右，艺术品商人安布鲁瓦兹·瓦拉找到罗伦一家，说服他们把挂在家里墙上的肖像画卖给他，使得这些油画如今得以挂在世界上最重要的几家博物馆墙上。

保罗·高更

《岸边的女人》1892

油彩
布
43.5 cm × 32.5 cm

高更很快离开了阿尔勒，一方面是因为梵高的“剃刀事件”，另一方面是他觉得阿尔勒“地方太小，景致和居民都太小家子气”。1889年2月他回到了布列塔尼，之前在阿旺桥的集体创作经历让他念念不忘，如今又一次回到那里，他心中的激动之情更加强烈了。

5月份高更到了巴黎，但首都的艺术氛围并没有带给他太多的灵感。他决定前往塔希提岛——宣传手册上多次提到的位于大洋洲的法国殖民地。他曾表示，他是看了小说《洛蒂的婚姻》后做出的决定。这本小说的作者是一位名叫皮埃尔·洛蒂的海上军官，是梵高向高更推荐的作家。当时，高更并没有觉得他对梵高有所亏欠，“剃刀事件”后他与提奥很快又恢复了良好关系（提奥一直担任他的作品介绍人）。直到十五年后，高更才承认：“没有人能想象得出当时我们两个人间对彼此的影响有多大。”4月份他来到了“南太平洋”，在那里他达到了艺术生涯的巅峰。

在那片土地上植物生长茂盛，与欧洲大不相同，连棕榈叶都带着日本风格的剪影效果。

“眼前的景色让我眼花缭乱，纯粹而厚重的色彩……但事实上，把我所见的全部画下来也很简单，想都不用想，尽管把红色或者蓝色往画布上一涂就好了！”

“金色的溪流让我大为震惊”。高更在反自然主义的路上渐行渐远，他放任色彩在画布上随意涂抹，一片片的色块就像金属瓮上的釉彩一样。他是象征综合主义最知名的代表人物。

文森特·梵高

《斜视眼者肖像画》1889年

油彩
布
56 cm × 36 cm

“1889 年春天是我最后一次在阿尔勒看到梵高，他当时已经被关押在医院里。整整一天他都跟我谈论画画、文学和社会主义。”这是保罗·西涅克对梵高在医院里的回忆。这家精神病院始建于 19 世纪，是医生梅尔库林在原有的旧奥古斯汀修道院基础上修建而成的。这座建筑日益破损，到梵高住进去的时候已经处于半废弃状态了。

院长同意让梵高住一个单人间，还在医院一层给他一个小一点的房间作为画室。于是梵高得以继续画画，在这个小小画室里完成了无数的作品。尽管画面常常充满了深切的悲伤之情，但肖像画的创作还是带给了他极大的满足感。本页这幅画中的人常被认为是一个阿尔勒居民，但事实上更可能是医院里的一个病人。梵高在画上将绿色与淡紫色完美地融合在一起。提奥在 1890 年 5 月收到了这幅画，他十分喜爱，为这幅画起了一个很特别的名字：脸肿的人。

文森特·梵高

《静物：向日葵》1889年1月

油彩

布

95 cm × 73 cm

“我不想吃得太饱，也不愿定时吃饭，我仅靠咖啡和酒精来维持精神。”梵高又说，“我承认，为了画出上个夏天我画过的亮黄色，我让自己变得兴奋了一些。”这简单的几句话出现在梵高在春天给提奥写的信里。由于割耳的大量流血，他在医院住了两个星期才慢慢康复过来。只有“社会主义者”约瑟夫·罗伦来陪伴他。梵高没有跟提奥说什么话，因为提奥当时正打算结婚，他不想让提奥为他担心。警察查封了梵高的家。后来保罗·西涅克来阿尔勒看望梵高，他是个重感情的人，成功说服警察把门打开让他进去。

这一年的年初对梵高来说是地狱般的一段时期。医院里的医生随时监视着他，他不能独处，也不能外出。他要到哪里寻找新的主题呢？只能画自己作品的复制画了。比起1888年夏天他画的充满活力的向日葵，这幅向日葵里显出了多么痛苦的忧伤！这个时期提奥也结婚了。梵高决定前往另一家医院，这一回是位于圣雷米的圣保罗－德－摩索尔医院。

Vincent

文森特·梵高

《以阿尔勒为背景的开花的果园》1889年4月

油彩
布
50.5 cm × 65 cm

在被关进医院前，梵高给妹妹维尔敏娜写信说："看起来我好像要被好好折磨一番了。一切都很不顺利，总而言之，我不想过这受折磨的生活。我总是希望能过一种英雄般的生活……"医生们对梵高的病症莫衷一是。是妄想症？癫痫病？抑郁症？身体衰弱？由于早年兄长的去世引发的综合征？简单的单相思？还是对爱情绝望的、彻底的、毁灭性的、荒谬的需要？我们永远也无法得知了。我们只能通过想象，感受下梵高在与世隔绝的状态下是一种怎样的精神状态。

尽管环境恶劣，但梵高依然用他的作品又一次震撼了我们。当他终于得到许可外出时，他仍懂得打开心扉，充满喜悦地看着这个新生的世界。本页这幅油画，是梵高又一次创作的果园主题系列作品。草地是一片浅绿色，上面点缀了黄色和橙色的小花，还有俯拾皆是的深绿色枝杆。与之相对应的是浅紫色的树干，梵高用细细的绿色线条为其描边。圣特罗菲姆钟楼高高地立在远处，俯视着这片果园。

文森特·梵高

《捆麦秸的农民》1889

油彩
布
44.5cm×32cm

“劳动人民的手，要比‘观景殿的阿波罗’更美。”这句话是梵高在博里纳日与底层人民生活在一起时所说的，并且他对此一直坚信不疑。

梵高创作了10幅一系列的小型画作，其中就包括本页这幅作品与上一页的作品。梵高手中拥有10幅阿德利安·拉维埃尔的生活场景画复印册，正是这些作品激发了其创作的灵感。梵高做了些许改动，令画面更符合自己的主题。他认为，黄色与蓝色代表了田地劳作，因此画面的主色调正是这两种色彩。他在一封信中跟提奥说道：“我向你保证，我对复制画作这项工作热情高涨，因为我现在也没有模特可以临摹。然后我设法让我的画室墙壁多些装饰……这个田地劳作系列所画的都是专心致志干活的人物形象，当你看到时一定会惊讶于里面的色彩效果。”当年创作《吃土豆的人》时他说的一番话仍然掷地有声：“当一个农民身着简陋粗鄙的衣服在田地里劳动时，要比周日身穿华服前往教堂的人美丽得多。”

黑色粉笔，麦秆，砖红色油墨，毛笔，灰色水彩纸
47.4 cm × 63 cm

文森特·梵高

《麦捆》1890年7月

让我们来看看，这幅梵高以坚定的腕力，在纸上创作出的这些小图形。他的这种绘画技巧，在当时登峰造极，尽管在生命快要走到了尽头的时候，也没有一丝一毫的变形。

梵高从来没有忘记米勒的艺术与理念，一直以他为标杆激励自己不断向艺术顶峰攀登。在米勒的闪光思想中，有一条给了梵高极大的启发：“与其用微弱的声音来表达自己，倒不如沉默以对。”

梵高在圣雷米度过了地狱般的一年，身体极为羸弱，心理也脆弱不堪，唯一能让他感受到希望的是他的工作。他依然对素描充满热情，相信素描是绘画中的天然媒介，跟色彩画一样可以表达出纯粹的情感。一直到他生命的终点，他也对素描的高度凝练性深信不疑。在瓦兹河畔欧韦度过的短短时间里，梵高画了大量的素描画，每一幅都堪称经典。本页这幅素描，可能是梵高的最后一幅作品，意味着他人生的落幕。画面上只有寥寥数笔油墨，显得十分突兀。没有人物，没有道具，在广袤无垠的大自然中，梵高以这种方式无声地表达了他的疲倦。

文森特·梵高

《收割麦田的人》1889年9月

油彩

布

73 cm × 92 cm

“这个收割的人，就像一头骡子一般劳碌着。所以你看到的其实是死亡的意象，被收割的其实是人的生命。所以，这也可以看作与我前一段时间画过的《播种的人》相反的一幅画。但这里的死亡并没有流露出一丝的忧伤，整个画面笼罩在灿烂的金色阳光下。”这段话出现在梵高写给妹妹维尔敏娜的信中，富有深意，充满哲理，展现了梵高的作品思想、性格特点与敏感细腻的感情。这幅画他最终送给了妹妹和母亲。其实，这幅油画在 7 月的时候已经动笔，由于生病而中断，后来梵高又重新开始，但他并不十分满意。这是画作的第二个版本。

梵高在表现现实方面是个完美主义者，从来不愿意背叛现实，要是遇到难以下笔的地方，他总是试着去找到解决办法。但他的作品也不是一味的自然主义风格：“我不会想要把我眼前看到的事物准确无误地画下来，我要用随意的色彩来表达我强烈的感情。”

文森特·梵高

《手持镰刀的农民》1889年9月（？）

油彩
布
43.5 cm × 33.5 cm

1889 年的夏天对梵高来说是另一个噩梦。7 月 2 日他的病发作了，持续了几天；到了月中再次发作，整整五个星期都处于无法控制的状态。发作时他正位于一个采石场的入口，那天风很大。本页这幅博物馆中的作品，在多种色彩的烘托下呈现出绿色的主色调，笔触起伏不平，给人以不安的感觉。这个时期，包括这幅画在内的不少作品，我们都可以从色调的转变上看出梵高内心的深层变化。提奥就这个问题也曾给梵高写信说："从你的画里我可以看到你的精神状态和你的想法。这种色彩表达的能力你以前从未到达过……但你有些太过了……你的画，就是你脑海中想法的再现。"在这艰难的时刻，梵高从普罗旺斯农民的身上想起了他喜爱的米勒。尽管这幅画中的光线不像上一年夏天画过的那么强烈耀眼，但我们依然可以感受到明亮炙热的阳光。

文森特·梵高

《悲悯》（临摹自德拉克罗瓦）1889年9月

油彩
布
73 cm × 60.5 cm

在梵高的房间里，有提奥多年来寄给他的其他画家的作品复制画集。这些画集对他来说非常重要，可以说是精神上的氧气。但如果说梵高的作品都是从这些画集模仿而来，未免不太恰当。梵高将人物从他喜爱的艺术大师的黑白版画里搬到画布上，再涂上自己的色彩。光是以米勒作品为原型的油画就有不下20幅。梵高认为只有通过这种方法，他才能画出“上档次”的作品，比如“宗教”这个他从来没尝试过的主题。

从这幅优美的《悲悯》中我们可以看到，无力的身体在岩洞入口瘫倒，双手从左侧伸出来，圣母站在他的身后。这是一场暴雨后的傍晚，圣母身着蓝色披风，面容悲切，衣角被风吹起，人物的轮廓显现在布满紫色云彩的金色天空中。她的双手同样伸展开来，带着绝望的意味，可以清楚地看到那是一双劳动人民美丽有力的手。这幅画并非刻意而为，色彩是画家兴致所至迅速涂上的，线条起伏不平，传递出躁动不安的讯息。

文森特·梵高

《圣保罗医院里的病人肖像画》1889年10月

油彩
布
32.5 cm × 23.5 cm

梵高无法适应圣雷米的生活，但一直尽力遵守规定以获得宁静："画画这件事对我来说要比做其他事情好上一千倍，如果我能倾我所有力量全身心投入于其中，只要一次我就可以康复了。"他喜欢医院花园中一些荒芜的角落，尽管乱糟糟的，但那里有树，有厚厚的野草，有缠绕在树干上的藤蔓，这些都可以让他感到安宁。在医生们的监视下，他还给自己和医院里的其他病人画肖像画。本页这幅画像，代表了梵高在这一年秋天所见到的悲伤而可怕的面孔。

画自画像时，梵高总是试着从近看者的角度出发，让眼神坚定果断地望向画外；而给他人画肖像画时，他总是从远处着笔来画眼睛，让人物抽离真实。梵高很敬仰法国浪漫主义先驱画家西奥多·杰利柯，这幅画可以看作对他的致敬。因为在画中，他运用了欧洲现代艺术中的一个重要成果，即西奥多·杰利柯在1820年左右所创作的一系列精神病患者的肖像画，这是绘画史上第一次将人的外表与内心同时展现出来的画作，预示了实证主义的兴起。画面上既没有多余的矫饰，也没有假惺惺的同情，有的只是真实的再现。

这个人在看什么？我们并不需要知道。他已经迷失在自己的思维中，也许连他自己也不知道看的是什么。这双眼睛里流露出一种单纯、无知、毫无防备的感觉，清澈得像天空一般。

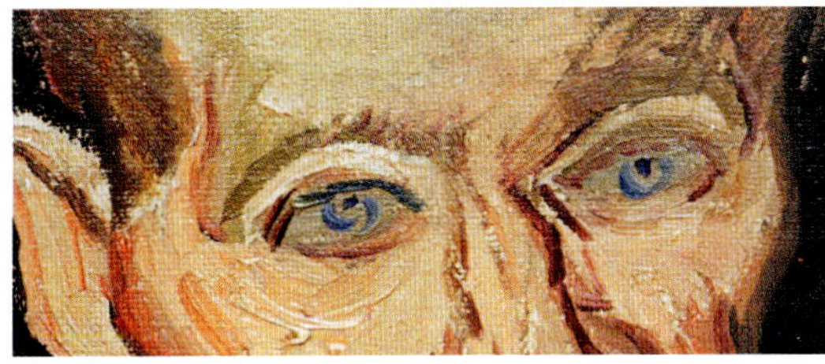

戈尔迪娜的嘴，阿尔勒或者安特卫普的女人们美丽的唇，都到哪里去了？永远不会再出现在梵高的画里了。这个老人的嘴看上去似乎已经累得无法再说话。

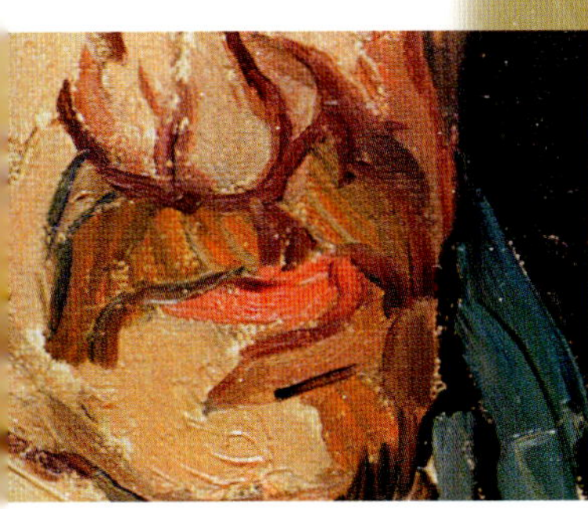

这件外套的画法引人注目。水绿色、黑色与棕褐色的长线条画出了衣服皱巴巴的感觉。作为表现主义的先驱之一，梵高在这里对颜色和线条的使用反映了日本画在他身上的影响。

文森特·梵高

《橄榄园》1889年11月

油彩
布
73 cm × 92 cm

在圣雷米期间，梵高画了十来幅有关橄榄园的作品，其中一部分画有采摘的人物，一部分则空无一人。那些只画有橄榄树的作品颜色鲜艳强烈，在天空的映衬下大小不一的树干深深扎根于地里，枝叶繁茂。整个画面带给人以生命的力量，充满了象征的意味。几个月后，梵高写道："白天的阳光和天空让一颗颗橄榄变成无尽的星星点点，树叶间的反差与天空的点染相互映衬，呈现出颜色渐变的效果。"梵高将这些生命力旺盛的树"涂上银色、深蓝色、绿色、金铜色和白色，与黄色、紫色红和类似于浅红赭石色的土地形成对比"。

梵高与朋友伯纳德通过信件交流看法，进行讨论。梵高为了表明他蔑视宗教题材的立场创作了这幅画，他表示："要营造一种焦虑痛苦的氛围，无需提到客西马尼园；而要营造一种轻松愉快的氛围，也无需画出山上的人物。"

文森特·梵高

《圣保罗医院的花园》1889年12月

油彩
布
73.1 cm × 92.6 cm

“高大的松树将花园围了起来。红赭石色的树干和枝条，混杂有黑色的深绿色叶子，一道道紫色线条穿过的黄色天空。树木在傍晚天空的映衬下显得愈发高大。随着视线往上看，黄色的天空渐渐转变成粉红色与绿色。同样也是红赭石色的围墙挡住了右边的视线，只能看到远处有一座黄紫色的小山丘。画面前方的第一棵树树干粗壮，却由于遭到雷击而被人砍断。不过这棵树的侧枝依然存活，奋力向上伸展，垂下饱满的深绿色针叶。它就像一个阴郁的巨人，袒露着自己的伤口，而在它前面灌木丛里的最后一株几近凋零的玫瑰花，则正绽放着虚假的笑容，二者形成了鲜明的对比。”梵高用他一向精确的语言向朋友伯纳德描述了他喜爱的花园的模样。

最后的那几句话，说的其实也是他自己。他在“非自然环境”下就像一个囚犯般被压迫得透不过气来，内心十分渴望回到现实中去，尽管他的理智告诉他现实只会再一次用“虚假的笑容”来面对他。

文森特·梵高

《盛开的杏花》1890年2月

油彩

布

73.5 cm × 92 cm

提奥与约翰娜的儿子小文森特出生之际，梵高画了一幅“巨大的天蓝色背景下一株开花的杏树”。这幅油画被挂在提奥夫妇的床前，提奥曾跟梵高说，小文森特会“出神地”望着这幅画。这件作品极有可能也是受到日本版画的启发而创作的。梵高想把这幅画作为一系列作品的开端，然而他还没来得及画第二幅画就又一次犯病了。等到他康复的时候，花期已经过去了。他曾这么说过：“我没有那个福气。”其实在1月份的时候，命运曾向梵高抛出了橄榄枝，他却以一种令人意想不到的态度回拒了。

认识埃米尔·伯纳德的艺术评论家艾伯特·奥里埃在象征主义的官方杂志《法国信使》上高度评价了梵高的作品。这是梵高第一次受到如此毫无保留的赞美，但他却怀着恐惧之情向他的母亲写道“成功是件最坏的事情”。此外，3月份在布鲁塞尔的比利时独立艺术家展览周上，梵高带着他的六幅作品参展。关于他的作品褒贬不一（图卢兹－劳特累克甚至要与一位反对梵高作品的画家进行决斗），梵高认为这才是他应得的。参展的作品中，《红色的葡萄园》（1888年画于阿尔勒，现藏于莫斯科普希金博物馆）以400法郎的价格卖给画家安妮·博茨，她是梵高曾在阿尔勒画过的诗人欧仁·博茨的姐姐。

文森特·梵高

《玫瑰和甲虫》1890年4月至5月

油彩
布
33.5 cm × 24.5 cm

花瓣是用浅浅的水绿色弯弯曲曲勾画而成，黯然无光。白色的使用是为了突出花朵与光线。整个画面绿色的效果协调得令人惊讶，而花的周边是黑色的叶子，是用线条勾勒而成的，似乎是参考日本绘画而来的。

5月16日梵高离开了医院。他最初是自愿住到医院里的，他的精神状态有所好转后，自然也可以离开。在他出院的前几天，他的主治医生佩隆在报告中写道，受“恐怖的惊吓”影响的病人发病时间时长时短（从一个星期到一个月），在经历了一年病魔的折磨后现在他已经渐渐康复了。佩隆医生还记得梵高在发病的时候曾企图吞下颜料来毒死自己，也曾因颜料和花瓶掉落一地而吓得久久不能说话。1890年6月初在奥韦尔时，梵高跟提奥说：“在圣雷米最后的日子里，我就像疯了似的画画，尤其在一簇簇玫瑰与紫色鸠尾花前简直无法控制自己。”这个鲜花系列一共有四幅，在巨大的画布上这些鲜花尽情绽放着绚烂的生命力。此外还有一些即兴的鲜花素描，如本页这幅就是根据素描重新创作的。

油彩
布
34.5cm×25.5cm

文森特·梵高

《蝴蝶与罂粟花》1890年4月至5月

梵高回忆自己在故乡北方的生活，由此创作了一些素描与油画，组成了小型的鲜花系列画。梵高对此不仅仅是想念，他更需要的是回到真实的生活中去："天啊，这里的环境太压抑人了，我都无法形容了。我已经忍受了一年，我需要去呼吸新鲜的空气。在这里我感到的是深深的枯燥与悲伤……"他的能量被消耗殆尽，这一点全然展现在他的画作中。在他最黑暗难熬的时期，是大自然给了他灵感。梵高没有再提及日本画，但日本

画的痕迹却留在了他的画中，就像米勒、德拉克罗瓦对他的影响一样一直保留着。这幅画令我们想起了梵高拥有的日本版画，尤其是华顶系列，上面画有叶子、花朵与动物。歌川广重曾在1850年左右创作过一幅构图巧妙的《牡丹与捕鸟器》，极有可能是本页梵高这件作品的灵感来源。梵高向来追求将象征主义的物象与自然世界完美地融合在一起。

5月22日梵高写信给提奥说："昨天我画了一只巨大的飞蛾，品种稀有，名字叫'骷髅头'，色彩极其细腻……在我看来，它美丽极了。"

文森特·梵高

《柏树》1890年2月

油彩

布

43.5 cm × 27 cm

“柏树形态优美，比例匀称，就像埃及金字塔一样。它的绿色是如此特别。在阳光充足的风景里柏树看起来又像是一抹明显的黑色，黑得引人入胜。对我来说，柏树是世界上最难画的东西之一。所以，你要好好看这幅画，看看在蓝色映衬下的柏树，更准确地说是与蓝色交融在一起的柏树。”对于梵高来说，除了橄榄树以外，柏树是另外一种足以代表普罗旺斯的树木。在那一年1月，评论家奥里埃在第八篇有关梵高的评论文章中赞扬他画的柏树“高耸入天，就像燃烧的黑色火焰”。

梵高为了表达他的感激之情，给奥里埃寄去了一幅画有柏树的油画。这棵柏树健硕粗壮，象征着生命，但同时也与死亡的意象相关联。从柏树的形象里我们也可以看到梵高自己的形象。梵高在途经巴黎看望提奥和刚出生的小侄子时，他的弟媳即提奥的妻子约翰娜说过这么一段话：“我以为我将看到的是一个病恹恹的人，但站在我面前的梵高体格健壮，肩膀宽阔，面色健康，目光炯炯，举止果断……”但他的这种健康状态，只持续了很短的一段时间。

梵高极好地处理了几种深浅不一的绿色之间的关系，用黑色来画出深色的阴影效果。笔触是短小的环形线条，云彩也是同样的效果。而天空则使用了宽大的笔触，色彩厚重。

油彩
布
38 cm × 45 cm

文森特·梵高

《农舍和两个人》1890年5月至6月

为了画出屋顶的厚度，梵高在画的创作初期已经使用铅笔和水彩来加深色彩，以获得深色的效果。这个设计也被称作“紫色与蓝色的交响曲”，也许目的是为了突出茅草上的苔藓。

五月的时候梵高途经巴黎停留了三天，在那里，许多朋友尤其是仰慕者前来拜访他。他并不喜欢这样的生活，而且他一心急着前往瓦兹河畔欧韦，一个被誉为“画家的村庄”的地方（塞尚和毕沙罗也曾在那里居住过），距离巴黎仅几公里。提奥已经帮他在那里找好了旅馆老板莱沃名下的一个房间，以及委托精神病专家保罗·加舍医生来照顾他。绘画对梵高来说就是良药，在那里他全身心彻底投入到创作中。到达瓦兹河畔欧韦后的第三天（5 月 20 日），梵高写信告诉提奥，他在那里感觉很好，创作了不少作品。那里的风土人情都让梵高深深陶醉：“欧韦非常漂亮。此外这里有许多茅草屋顶，这在别的地方已经越来越少见了。”

他在这里使用了一些复杂的技巧，比如采用扁平的色彩效果来表现梦幻的感觉。这可能是从画家皮维·德·夏凡纳那里学来的，因为那段时间梵高刚看了他的几幅作品，大有所获。

文森特·梵高

《鸠尾花》1890年5月

油彩
布
92 cm × 73.5 cm

从1888年起，梵高就很喜欢画鸠尾花，在圣雷米医院时也曾画过。本页的这瓶鸠尾花形态完整，并具有辟邪的作用（来自日本的传统观念）。在医院时，梵高饶有兴趣地观察着花坛中的鸠尾花，然后用自己的想象力把它们移植到画布上的花瓶里。整个构图与梵高那幅打算挂在“黄房子”中的向日葵十分相似，花瓶被置于最前方，最能引起观看者的注意。花瓶底部与摆放花瓶的平台间有一道细细的线条用以分界，二者颜色都暗淡不明显。平台上没有花瓶的阴影，给人以花瓶是悬空的感觉。

在这幅作品中，梵高大胆地采用了互补的色彩以获得和谐的效果，难度颇大。墙壁上鲜艳的柠檬黄衬托出“纯普鲁士蓝”，洋紫色的花朵并不是用一团团色彩相互杂糅在一起的，而是通过细长的线条将每一朵花都细腻地区分开来。花朵周围深色的叶子，是采用综合主义的手法以及模仿高更的风格而画的，为了尽可能地烘托出绿色的效果。而为了令构图更加平衡，梵高专门在右侧添加了一株折断的花枝。

文森特·梵高

《欧韦风景画》1890年5月至6月

油彩

布

50 cm × 52 cm

在欧韦，梵高疲倦得连拿画笔的力气都没有，但在两个多月的时间里他却画了七十多幅画。也许那时他已经感觉到，他的人生与事业都到达了一个重要的转折点。他的风格正处于过渡阶段，个人风格逐渐显现。值得一提的是加舍医生本身是位收藏家，因此他家中收藏的画极有可能也对梵高有着暗示效果。此外，保罗·塞尚也曾在欧韦待过一段时间，他对梵高风格的转变起到了不可磨灭的影响，尤其是在风景画方面影响尤深。

本页的这幅风景画，展现的是法国法兰西岛大区“庄重美丽”的自然风光。在加舍的影响下梵高对这片土地产生了真挚的感情，几个星期来他的健康状况也比较乐观。这一切看起来仿佛预示着梵高正在朝向宁静的绘画生涯走去，连天边的乌云都显得十分与众不同。梵高把这个地方的安宁，以及自己的平静都画进了画里。他邀请提奥离开巴黎，“哪怕只是一个月也好”，前来小住在“皮维·德·夏凡纳的宁静中”。

这种涂抹颜色的手法在梵高的画中并不常见，这里他用几种相同色调的颜色将土地画得如同一件绿色的丝制斗篷一般。天空部分似乎并未完成。

“如果我能全身心投入到画画中，也许我就能够支付我的住宿费用了。”梵高给提奥的信中这么写道。他还在给伯纳德的信中表达了他对“用茅草与苔藓铺就屋顶、烟道满是煤烟的茅屋”的喜爱之情。

梵高使用绿色色调绘制了阿拉伯风格的装饰图案，用以表现灌木丛的形状。塞尚在几年前也曾画过这个场景，他使用的是斜线的叠加，用“非装饰”手法来表现灌木丛的“高度可塑性”。

文森特・梵高

《麦穗》1890年6月

油彩

布

64.5 cm × 48 cm

“如果研究日本艺术，你能看到一位具有哲学头脑和拥有才智的艺术家是如何利用时间的。研究地球与月亮之间的距离吗？不是。研究俾斯麦的政策吗？不是。他研究的是一片草。这片草引导他画整株植物，画春夏秋冬，画乡间的大路，画动物，然后画人……要成为一名日本艺术家，必定要变得精神愉快才行，还要回到大自然中去，不管自己曾经受过怎样的教育，也不管在世俗眼中自己做的是何种工作。”这番给人启迪的话是梵高在1888年9月的信中写的。他在身体上和心灵上都很脆弱，但神志清醒，在我们看来他也跟那位东方艺术家一样拥有智慧。他反对世俗的观点将人类的力量置于大自然之上，认为这样会毁掉大自然的纯净；他有关艺术家个人经历的比喻富有哲学意味；他认为人的教育（从广义的角度）和工作都是累赘的负担，毫无用处。在梵高的一幅宁静的农妇肖像画中，他将麦穗作为背景，“摇曳的麦穗令人想起它们被风吹起时那窸窣作响的声音”。

文森特·梵高

《多比尼花园》（草图）1890年6月

油彩
布
50.7 cm × 50.7 cm

在高强度的工作中梵高的病虽然没有发作，但隐患极大，加舍认为他潜在的种种危险会在将来爆发。那将以何种方式爆发呢？在整个六月份仍然没有任何迹象，梵高一直埋头画他住宅周边的景物，那里有他十分欣赏的画家多比尼的房子。多比尼的遗孀当时仍然住在那间房子里，房子旁边有个开满鲜花的大花园。本页这幅画是一幅草图（这是第二个版本，第一个版本画在宽达半米的桌布上），尝试了正方形的画布，大概为他人生最后十四幅画的尺寸的一半。梵高很喜欢皮维·德·夏凡纳的一幅巨作《艺术与自然之间》，该作品挂在鲁昂美术博物馆的大台阶上。在这幅画里，夏凡纳尝试了大型油画的画法。在梵高给提奥的第 651 封信中有本页这幅草图的最终版本，出现在他随后一个星期画的两幅画中，同样都是以这个花园为主题。对梵高来说这幅作品“十分重要”，是他最有想法的作品之一。

草是用短而直的笔触画成的，突出了根茎的形态。在草地中间或有几笔深绿色的线条，用来表示密集的区域。

这是梵高给提奥的最后一封信，但信中的话依然十分清晰明了：“最前端是绿色和粉色的植物。左边是绿色与粉紫色的灌木，其中有一株的叶子带着白色。中间是一片玫瑰园。右边有一个木栅栏和一段矮墙，墙上方是一棵长着紫色树枝的胡桃树。后面还有长满丁香的篱笆，一排圆形的黄色椴树，粉色的房子，近似蓝色的屋顶。……天空是苍绿色的。”

花朵的颜色并不鲜明，依稀可看到印象派的绘画风格。

文森特·梵高

《树根与树干》1890年7月

油彩
布
50 cm × 100 cm

梵高在7月6日与提奥短暂地碰了面，他注意到他的弟弟——也是他的作品销售商——的财政状况并不理想。提奥考虑自己开办一家画廊，甚至想要移民去市场更开放的美国。这样的消息令梵高焦躁不安起来。提奥的妻子约翰娜迅速写信来安抚梵高的情绪，但梵高已经深信“风暴”即将到来，“压力全在自己身上。我该怎么办？哎，我当然会试着保持好的心态，但我的生活已然深陷于泥潭中，连自己都觉得无法再站立起来。”这是典型的自怜，画上的树根代表了“使生活陷于泥潭中的挣扎”。树根的形状并不具体，只是用线条来表示（一些评论家认为这预示了新的艺术风格），这些线条运用鲜明的色彩来展现原始的力量，显得较为抽象。艺术市场并不接受梵高，他的作品“安静地”保存在提奥的手中。但梵高不仅影响了20世纪前期的艺术形式（比如表现主义），也在一定程度上影响了20世纪一些西方人的举止行为。

文森特·梵高

《麦田上的乌鸦》1890年7月

油彩
布
50.5cm×103cm

“我们生活在这个世纪的最后二十五年，社会变革巨大。我们当然看不到这场巨大变革以后的样子，看不到纯净的空气，看不到万象更新的社会。但这样的变革意义重大，使我们不被这个年代的假象蒙蔽，至少不至于在风暴来临前心怀郁闷与沮丧死去。”这番凝练而深刻的话是梵高在7月23日给提奥的最后一封信中写的。这封信提奥无法看懂，里面有一些辨认不清的句子，还有那句著名的“我很想写信给你，有很多话想说，但现在我不想写了，我觉得那毫无意义”。

发生了什么事？时而清醒时而疯癫的梵高自杀了，也许是为了减轻提奥的负担，也许是害怕又一次被抛弃，这一次的恐惧是前所未有的。也许是因为梵高知道一个艺术家死后要比活着时更有价值。傍晚，梵高在外面散步，突然他拔出手枪朝自己胸口开了一枪，但子弹在碰到胸膈后偏离了方向。加舍医生认为已经没有必要将子弹取出。提奥急忙从巴黎赶来。梵高最后躺在了自己家中的床上，跟提奥一起抽烟聊天，然后就这么死去了，死于1890年7月29日一点半。几天后，提奥给伤心的姐姐写信说：“对我来说这是世界上最可怕的事情，他就像一个殉道者一样在微笑中死去。”

在梵高看来，这幅画代表着“乡间生活的健康与力量”，但实际上这个蓝色之上涂抹了黑色的暴风雨天空，在我们的眼中却代表了梵高外化的精神状态。另外这幅画还被认为是“画家的遗嘱”，但未有确凿证据可以证实。

麦田是用短斜线画成的，而乡间小路则是用更小的亮酸绿色与砖红色笔触画成的。

在埃顿时的一个熟人曾记得“梵高总是画那些在暴风雨中顽强挣扎的乌鸦”。在梵高给提奥写的最初几封信中他也提到了“离开的时候”，希望与命运作斗争。所以这里这个不安的天空也许也表达了同样的心情。

阿姆斯特丹梵高博物馆

参观指南

VAN GOGH
MUSEUM

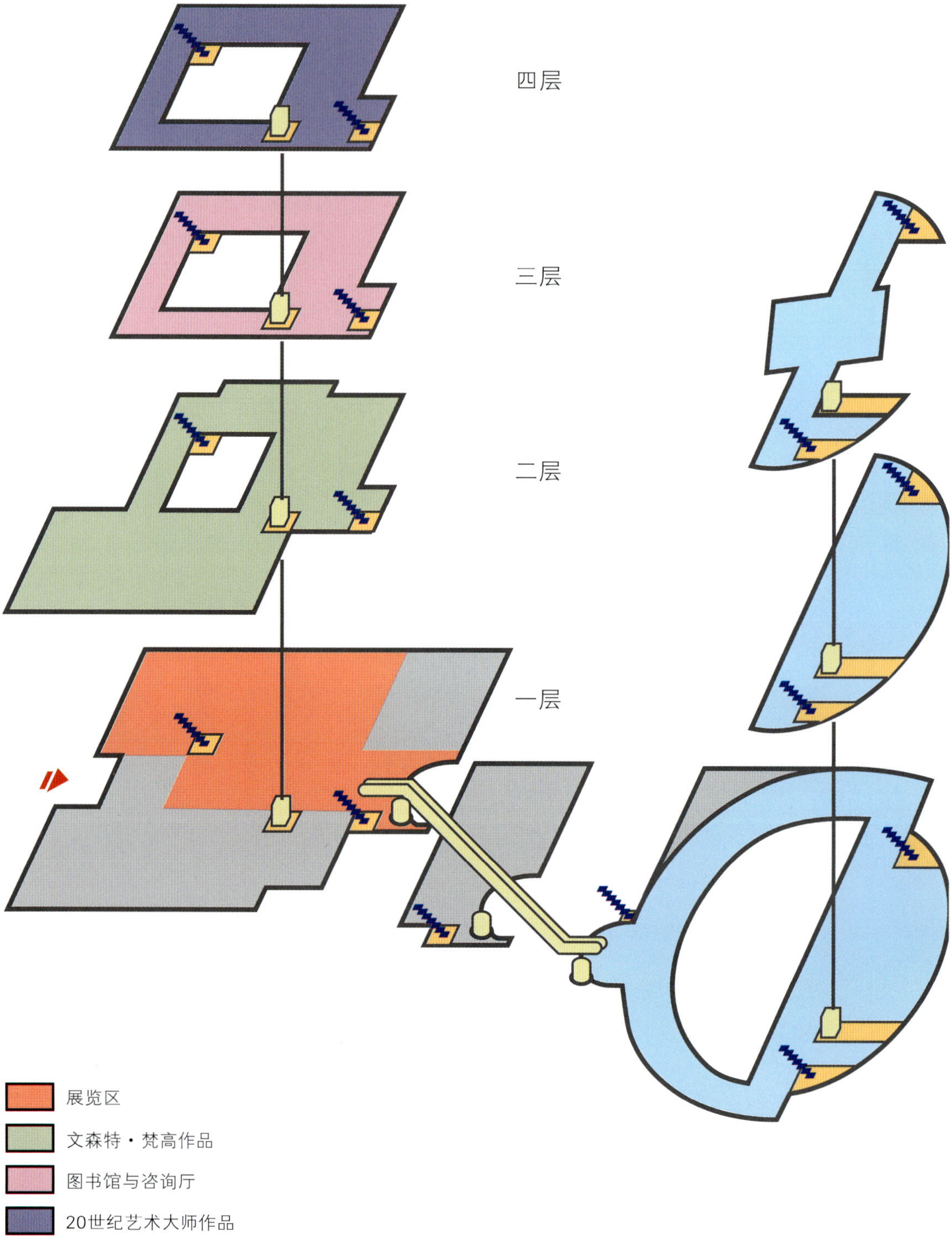
四层
三层
二层
一层
展览区
文森特·梵高作品
图书馆与咨询厅
20世纪艺术大师作品

艺术家和作品索引

图书在版编目（CIP）数据

阿姆斯特丹梵高博物馆 /（意）保拉·拉佩里编著；郑昕译. — 赤峰：内蒙古科学技术出版社，2018.1（2023.6重印）
（伟大的博物馆）
ISBN 978-7-5380-2922-2

Ⅰ.①阿… Ⅱ.①保… ②郑… Ⅲ.①凡高（Van Gogh, Vincent 1853-1890）—美术馆—介绍 Ⅳ.①K835.635.72-28

中国版本图书馆CIP数据核字（2018）第025733号

阿姆斯特丹梵高博物馆

编　　著：〔意〕保拉·拉佩里
译　　者：郑　昕
责任编辑：季文波
封面设计：李　莹
出版发行：内蒙古科学技术出版社
地　　址：赤峰市红山区哈达街南一段4号
网　　址：www.nm-kj.cn
邮购电话：0476-5888970
印　　刷：三河市华东印刷有限公司
字　　数：120千
开　　本：787mm×1092mm　1/16
印　　张：10.25
版　　次：2018年1月第1版
印　　次：2023年6月第2次印刷
书　　号：ISBN 978-7-5380-2922-2
定　　价：148.00元

如出现印装质量问题，请与我社联系。电话：0476-5888926，5888917

Published by arrangement with Atlantyca S.p.A.
Original Title Van Gogh Museum Amsterdam
Text by Paola Rapelli
Original cover and insert by MirkoBettazzi designer and Studio Nannini

For information address
Atlantyca S.p.A., via Leopardi, 8 – 20123
Milano Italy – foreignrights@atlantyca.it – www.atlantyca.com

Photo Reference

AKG – Images
Archivio Mondadori-Electa
The Bridgeman Art Library / Archivi Alinari
Corbis / Contrasto
Erich Lessing / Contrasto
Oronoz

L'editore è a disposizionedegli
aventi diritto per eventuali fonti
iconografiche non individuate.